孩子貪玩不是病

聰明的家長都應該這麼教

望子成龍、望女成鳳
是一般父母的普遍心態。

但期望也應該以現實為基礎，如果父母的期望值過高，
給孩子過高的期望，會讓孩子因壓力過大而崩潰；
降低你的期望，為孩子減去過重的負擔，卻可以使孩子輕鬆自如地前行。

國家圖書館出版品預行編目資料

孩子貪玩不是病 : 聰明的家長都應該這麼教/
許珮琪　編著. --初版. --新北市:雅典文化,
民104. 12 面;公分. --(現代親子;28)
ISBN 978-986-5753-53-5(平裝)
1. 親職教育 2. 子女教育
528.2　　104021512

現代親子 28

孩子貪玩不是病 : 聰明的家長都應該這麼教

編著／許珮琪
責編／廖美秀
美術編輯／蕭佩玲
封面設計／蕭佩玲

法律顧問：方圓法律事務所／涂成樞律師

總經銷：永續圖書有限公司
永續圖書線上購物網
www.foreverbooks.com.tw

CVS代理／美璟文化有限公司
TEL：（02）2723-9968
FAX：（02）2723-9668

出版日／2015年12月

雅典文化

出版社
22103 新北市汐止區大同路三段194號9樓之1
TEL （02）8647-3663
FAX （02）8647-3660

Chapter

01

別給孩子 太大的壓力

生活中，心理障礙的孩子越來越多，心理學家指出，壓力過大是導致孩子出現心理問題的一個重要原因，幫孩子減輕壓力已經成了當務之急。為了讓孩子能健康成長，家長們請別給孩子太大的壓力。

Chapter 02
讓孩子喜歡並接受自己

如果孩子不能全面地認識自己、看到自己的長處，那就會出現很多問題。比如自卑、嫉妒別人等等。因此，家長們要讓孩子們看到自己的優點，要讓孩子喜歡自己，這樣孩子才能自信地面對生活。

Love

Chapter

03

讓孩子由 自卑變自信

美國加州大學哲學博士詹姆斯．多伯林提出了「補強法則」。當一個人的行為得到滿意的結果時，這種行為就會重複出現。因此，當孩子受到認可時，他（她）的自信就會被激發出來，不斷重複令人滿意的行為，直到擺脫自卑，成為自信上進的好孩子。

Chapter 04

給自負的孩子「潑冷水」

自負是指自我評價過高，目中無人，其實這種心態對孩子的成長是極為不利的，因此一但發現孩子有自負的行為時，父母就應當，適時地給孩子潑點冷水，讓孩子學會理性的評價自己，正確的認識自己。

Chapter

05

讓孩子在「頑皮」中
開發潛能

有些父母總是抱怨自己的孩子「太頑皮」是「破壞狂」，其實這類的孩子往往很聰明，求知欲和好奇心都比較強，意志力也比一般孩子來得堅定。因此，聰明的家長要試著「縱容」孩子的頑皮和「破壞」行為，並借機挖掘潛能，培養興趣，說不定你的孩子就是另一個「愛迪生」。

Chapter 06
幫孩子克服驕奢之氣

現在孩子都是家裡的「小皇帝、小公主」，要風得風，要雨得雨。一些孩子就養成了驕奢的習慣，錢花得闊氣，不知愛惜物品，這種習慣對孩子的健康成長是極為不利的，因此家長應義正嚴詞地教育孩子節儉的美德，幫孩子養成勤儉節約的好習慣，這才是真正的愛孩子。

Chapter

07

用激將法

讓孩子主動求知

教育孩子要找對方式，當勸導、說教都不奏效時，家長們不妨試試這招激將法。利用孩子的好勝心、叛逆心甚至是嫉妒心態故意來刺激孩子，讓他們由被動學習變成積極學習。

Chapter 08

給孩子一個 體驗失敗的機會

美國教育家卡樂爾· 桑德堡說：「順境當然可以培養出人才，逆境也可以培養出人才。而且在逆境中因為經過挫折和千錘百煉，所以成長後的孩子就更具有生存的競爭力。」也就是說為了增強孩子的耐挫力，父母們不妨刻意地給孩子創造一些適度的挫折情境，這種挫折教育對增強孩子的心理承受能力大有好處。

Chapter

09

讓孩子有一點 自制的能力

今天的孩子大多是獨生子女，受到家人無微不至的關懷和照顧，然而這樣的生活卻讓孩子養成了任性的習慣，這個壞習慣將對孩子未來的生活埋下巨大的隱患。專家建議當孩子任性時先靜觀其變，這會使孩子因得不到注意而自動收斂脾氣。

Chapter 10
讓孩子自己的事情自己做

不要什麼都為孩子做的好好的，家長應當試著放開手，讓孩子自己去做，第一次也許做不好，但以後就會做得快又好。千萬不要做個事事包辦的父母，放開手為孩子創造做事的機會和場合，孩子才會有自立的能力，父母們也會少些麻煩。

Chapter

11

尊重讓孩子 與父母貼得更近

親子間之所以出現衝突與矛盾，往往是因為父母對孩子不夠尊重，而使孩子心懷恐懼不滿，也因此而拉開了彼此之間的距離。其實孩子也需要尊重，如果父母能在日常生活中對孩子多一些尊重，那麼他們一定會成為最受孩子歡迎的父母。

Chapter 12
讓孩子充當一次「小大人」

父母常常抱怨現在的孩子對家庭漠不關心，缺少責任感，他們不知道，孩子的責任感是要從小培養的，如果你總是在孩子面前表現出一副風雨無懼的樣子，孩子就會認為父母是不需要他們付出關心的。因此，父母們不妨偶爾扮演一次弱者，向孩子求助，你將會發現孩子竟因此而變成了懂事的「小大人」，而你也可以從孩子的幫助中獲得很多東西。

Kids are
meant to play

Love

Chapter 01

別給孩子
太大的壓力

生活中，心理障礙的孩子越來越多，心理學家指出，
壓力過大是導致孩子出現心理問題的一個重要原因，
幫孩子減輕壓力已經成了當務之急。
為了讓孩子能健康成長，家長們請別給孩子太大的壓力。

望子成龍 也要從實際出發

望子成龍、望女成鳳是一般父母的普遍心態。從孩子很小的時候起，父母們就對孩子有一大串的期望，期望孩子從小學到大學一路都出類拔萃，最後再出國深造，成為博士，期望孩子功課好、分數高、是個成績優異的好學生；期望孩子有特長，能在數學競賽中獲獎、能在英語大賽中獲獎、能在書法比賽中獲獎、能在鋼琴比賽中獲獎、能在體育比賽中獲獎……這些期望就像一副重擔，狠狠地壓在了孩子的肩膀上。

其實，父母期望孩子成才這一點是可以理解的，但期望也應該以現實為基礎，如果父母的期望值過高，悖離了孩子身心發展的內在規律，那麼就可能帶給孩子過重的心理負擔，影響孩子的發展。

小雨是從一路頂尖中走過來的，她上小學時，是台北市的心算冠軍，還曾屢次在高手如雲的全國數學奧林匹克競賽中獲獎；她的英語非常好，上國中時曾代表學校參加過全省的英語朗讀大賽……上高中後，媽媽告訴她「以你的水準、實力，上高中一定要在班上拿第一！這樣將來才有希望考上台大。」

小雨覺得很痛苦，她覺得自己的能力似乎已經到了極限，明星高中裏人才濟濟，自己哪有那麼容易考第一，媽媽看出了她的煩躁，但非但沒有安慰她，反而還斥責她：「整天心浮氣躁，你要是不拿第一，看我不打斷你的腿」

小雨在日記中寫道：「爸爸媽媽永遠也不會真正為我著想，他們有要做成功者的願望，我就得成為過河的卒子，拼命向前。」

期末考試結束了，小雨拿到了她的成績單，她離第一名還很遙遠。那天下午，小雨沒有上課，趁父母不在家她收拾好東西，帶上一些錢離家出走了。

父母期望孩子早日成才，期望孩子出類拔萃，這種心情本是合理的。但也不能否認，任何事物都應該掌握好分寸，要根據實際狀況，採取客觀的方法，千萬不能在教育孩子的過程中，懷著不合實際的「期望」，走向極端。

父母總是用成人的心態和眼光看待孩子的內心世界和能力，對孩子的能力發展、情緒狀態、心智方面都有過高的期盼。父母在這種自我沉迷的狀態下不能清醒地看待問題，久而久之，使自己的行為成了一種慣性和教條。

最終給孩子造成了巨大的精神壓力，使孩子對受教育的感受越來越沉重，越來越沒興趣和信心，甚至還導致孩子心態失衡，走上極端。

因此，該到了給孩子減輕壓力的時候了，不要總是給孩子太多壓力、負擔，對孩子的期望要合情合理，要讓孩子能夠看到成功的希望，輕裝上陣不是更有利於遠行嗎？

濤濤上國二了，成績中等偏上一點，這讓他的爸爸很著急，再這樣下去，明星高中絕對考不上。於是夫妻倆齊上陣，一起督促濤濤讀書，還不斷給他講一些「考不上明星高中，將來就很難考上國立大學」的道理，不過這樣做似乎完全沒效果，期中考的成績一點也沒進步，老師還反應說，濤濤變得內向了許多，夫妻倆只好帶著兒子去看心理醫生。

幾天後，心理醫生告訴這對望子成龍心切的夫妻，他們的兒子有憂鬱症的傾向，主要是因為心理壓力過大，那怎麼辦呢？醫生開給他們一帖特效藥，並要他們按處方箋上所寫的去做，處方上寫著「減輕孩子的壓力」。

回家後，夫妻倆找兒子談了一次話，爸爸說：「濤濤，我們是為你好，但似乎是給了你太大的壓力，現在我們認為應該按你現在的成績對你提出要求。你現在的成績是中等偏上，那就加把勁考上省立高中吧！省立高中雖不是明星高中，但聽說師資也不錯。」

「爸爸，你說的是真的嗎？」濤濤眼睛亮了起來。

「當然是真的了！不過，你不可以因為我們降低了要求就不認真學習，知道嗎？」濤濤連忙點頭。

從那以後，濤濤的臉上開始有了笑容，而且也不再需要父母督促著學習。高中聯考結束了，當父母準備送兒子去唸省立高中時，卻出現了一個戲劇性的轉折——濤濤的分數超過明星高中的最低錄取分數十七分，濤濤竟然考上了明星高中！

爸爸好奇地問濤濤是怎麼考上的，孩子笑著說：「沒有壓力、輕裝上陣自然發揮得好！」有了這次經歷，濤濤的父母決定今後要將減輕孩子的壓力進行到底。

教育孩子，應當從孩子的實際出發，顧及孩子的愛好與特長。如果只根據家長的興趣和願望，那麼孩子只會走向相反的道路。在高期望值的支配下，父母評判孩子好壞的標準往往會嚴重失衡。孩子教育的成敗也多以考試分數或指令孩子所學的一門特長的成效來衡量。這實際上是家長自己背上的一個錯誤而沉重的包袱。

因此，父母在教育孩子時，應注意給孩子減輕壓力而不是加壓。不要以為孩子在很大的壓力下才會出人頭地。教子成功的父母一般絕不給孩子太多的期望壓力，因為讓他放鬆身心、緩和情緒反而會更好。

給孩子過高的期望，會讓孩子因壓力過大而崩潰；降低你的期望，為孩子減去過重的負擔，卻可以使孩子輕鬆自如地前行。

高壓只會讓孩子選擇逃避

現在離家出走的孩子越來越多了，原因是複雜多樣的，不過大多數都是因為受不了父母的「高壓」政策，因而選擇了逃避。於是，這些孩子的父母痛苦、懊悔，可是說什麼都已經晚了。當初何必要給孩子那麼大的壓力呢？孩子的承受能力實在是非常有限的。

有這樣一個家庭：母親是位教育工作者，連續七年被評為優秀教師，父親是一名律師，自己開著一家律師事務所。這對夫妻有一個兒子正在讀高中，而這個孩子卻不像父母那樣優秀，父母提起他來就是「我那不爭氣的兒子。」

兒子小時候聰明活潑，夫婦倆想盡辦法讓他上各種才藝班、資優補習班，還買了許多參考書給他看。可是孩子的學業成績始終沒有達到他們的要求。

小學時孩子的學業成績在班級屬中上水準，進入私中後，他逐漸變得不聽話，常常和父母唱反調，對課業厭煩，學業成績明顯退步。讀國三時，常常翹課。為此父母斥責過他無數次。結果有一天清晨，夫婦倆發現兒子不辭而別，書桌上留了一封信……

親愛的爸爸、媽媽：

我走了，我實在是不配當你們的兒子。你們那麼優秀，而我是如此的平庸，在課業上我實在無法達到你們的要求，讓你們丟臉了。

其實我也曾想把書讀好，可是不知怎麼的就是提不起興趣來。我感到壓力好大，喘不過氣來。的確，你們為我創造了良好的讀書環境，給我買了許多中外名著、課外輔導書籍，還給我一間書房讀書，但是你們越這樣我就越怕讓你們失望。我很感激你們，也知道你們對我的愛和期望。但與此同時你們也剝奪了我作為孩子玩耍的權利，使我失去了很多樂趣。你們不允許我外出和同學玩，說這是在浪費時間，還怕我學壞。我的課餘時間除了讀書還是讀書。我幾乎沒什麼知心的朋友。你們工作又那麼忙，很少與我談心，即使是找我談話也永遠是那個主題——好好讀書，要求我達到很高的分數。上周的考試成績出來了，我又沒考到八十分，你們若知道了，一定又要罵我了吧！我覺得這個家裏已容不下一個不愛讀書的人。我走了，請別找我。

後來，父母在火車站附近找到了孩子。但回到家裏，兒子表示不想讀書了，否則他還會離家出走。父母只好答應他的要求讓他休學在家。

「我的父母也是教師，家裏的兄弟姐妹都是知識份子，我的侄女上了大學，外甥進了明星高中。可是偏偏我的兒子不爭氣，給我丟盡了顏面。我當了這麼多年老師，教的學生也可謂桃李滿天下了，卻教不好自己的兒子，這是什麼原因呢？」這位母親道出了心中的疑惑。可以說，孩子的離家出走，完全是父母的高壓政策所致。

父母想透過給孩子壓力，讓他考出好成績，以滿足自己與同事、親友攀比的心理，卻不顧孩子的興趣所在，一味的要求他參加各種才藝班，剝奪了孩子交友和玩耍的權利，使孩子失去了和同齡人交往的機會，使孩子感到生活枯燥無味，孩子處在強大的壓力下，不僅感覺孤獨，而且發展到了對讀書的厭倦。在此情況下，他只有選擇出走，以逃避這令自己喘不過氣的環境。

壓力太大就會引起反彈，生活中，一些家長往往把孩子視為私有財產，為了要子女出人頭地，光宗耀祖，家長們不斷給孩子加壓，或冷言冷語、或棍棒教育，結果非但達不到預期效果，反而弄得親子衝突不斷。

教育學家建議家長們撤銷高壓政策，減輕孩子的壓力。應該怎樣減輕孩子的壓力呢？首先，父母不要再整天拿自己的孩子跟一些出色的孩子相比，當你對孩子說「你看人家的孩子……」時，其實就是在對孩子說：「你太沒用了，比起人家的孩子，你差得太遠了！」這樣一來自然會增加孩子的心理負擔。

另外，在家裏不要用教師的身份或其他的什麼身份管教孩子，而要以慈愛的父母的角色和孩子傾心交談，拉近距離，認真瞭解孩子的思想動態及興趣所在，尊重孩子的想法，為孩子營造輕鬆愉快的讀書氛圍。

一旦孩子接受父母作為他的知心朋友，一旦消除了令他窒息的高壓環境，就能改變他對讀書的厭倦。而且最好根據孩子的興趣，激發他對讀書的熱情。至於孩子今後的路怎麼走，父母可以進行引導，但不能代替孩子做決定。

高壓只會引起反抗，讓孩子更不聽話，更不愛學習。如果你能試著幫孩子減去一些負擔，那麼孩子一定會更自信、輕鬆，並願意回到你身邊。

用「減壓」幫孩子戰勝焦慮

焦慮已經成了青少年中一種比較常見的心理問題，這些孩子總是感到煩躁、擔心、緊張、不愉快，而這種焦慮將大大的損害他們的正常學習和生活，影響孩子的健康成長，一些家長可能會說：「我的孩子從小嬌生慣養，要什麼有什麼，我們當父母的只要求他好好學習，別的什麼也不讓他操心，他還有什麼可焦慮的呢？

心理學家告訴我們，焦慮總是和精神打擊以及可能的威脅或危險相關聯，也就是和壓力過大有關，因此要幫孩子克服焦慮，就要先給他們減壓。

焦慮的孩子對緊張壓力異常敏感，他們不善於用語言及情感發洩來表達內心的焦慮情緒。有強烈焦慮感受的孩子，對外界事物，比一般的孩子敏感、多慮。他們常是一些溫順、老實、守紀律的孩子，對自己較缺乏自信心。

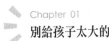

他們在父母心中是乖孩子，受到寵愛。平時他們對自我克制的能力較強，對待事物認真、負責。但是過分緊張，特別是對課業過度緊張、害怕考試成績不好。

在某高中，有個來自鄉下的孩子，他用功努力，聰明俊秀，高一、高二時的學業成績都在班級的前三名，在老師和同學們的心目中，大學的升學考試絕對是沒問題的。但這次期中考試，國文、數學、英語成績卻大為退步，成績跌至班上的第十五名。最近的一次復習考試，成績依然不夠理想。老師擔心孩子再這樣下去，恐怕考大學就沒希望了，因此刻意找這個孩子談了一次，想知道為什麼他的成績會退步。

在老師的誘導下，孩子終於說出了心裏話：「我的父母都是老實的鄉下農民，家裡的家境並不好，他們供我讀書很不容易。他們對我的學業成績一直是很放心的，在那偏僻的鄉村裏，因為有我這樣的孩子而自豪。

可是，我卻越來越擔心，越來越緊張，萬一我考不上大學怎麼辦？特別是今年過年的時候，爸爸喝醉了，他抱著我哭著說，「他雖然沒錢，但借錢也要供我上大學，還說他這一輩子就指望我了！我媽媽也是這樣，她把所有好吃的都留給我，說是為了考大學，必須多補充營養……他們越是這樣，我就越害怕，我總覺得我會讓他們失望。想到這些，我的心就不能平靜。經常吃不下飯，睡不好覺。現在正是高中複習功課的緊要關頭，我越來越煩躁不安……」

不要以為焦慮只是大孩子才會有的心理問題，再看看這個小學五年級學生的故事，她的心情同樣很沉重：

「考試成績終於出來了，果然不出所料，我又考砸了，數學考了八十五分，國語只得了七十九分。爸爸、媽媽雖然沒有責備我，可是他們失望的表情，以及他們的沈默卻讓我更難受！

我不是個學業成績很差的學生。平時作業我都是一百分，九十五分。有時同學們遇到難題都還向我請教。可是每到考試我就不行了，本來會的題目也答錯了，本來很熟悉的內容也想不出來了。

我不斷提醒自己：要細心，細心，再細心！但仍然出現看錯題目、抄錯答案的毛病。這次數學考試，我居然把『×』號看成是『+』號。更氣的是，我一到考試就覺得緊張，總怕時間不夠，一會兒就看看錶；而且如果老師走到我身邊的，那就更糟糕了，生怕他看我答的太差而指責我！我該怎麼辦啊？我真苦惱……

這是兩個被焦慮困擾著的孩子，而且焦慮的程度很嚴重，而讓他們產生焦慮的主要原因，就是來自於父母的龐大壓力，這種壓力讓他們煩躁不安，情緒低落，整日陷於苦悶之中，萎靡不振。應該說，有壓力不是壞事，因為它本身具有動力作用，能促使孩子積極學習，激發孩子的潛在能量，讓孩子學習的更有效率。但是這種壓力一定要適度，切勿過猶而不及，壓力一旦超過了孩子的承受能力，孩子就會罹患焦慮症。因此當發現孩子壓力過大時，家長一定要幫孩子減輕壓力，緩解孩子的焦慮心態。

莉婷馬上就要參加高中聯考了，她整天把自己關在房間裏複習功課，父母很為孩子的努力而欣慰，可是慢慢地，細心的媽媽發現女兒有些不對勁，她總是顯得煩躁不安，鬱鬱寡歡，有一次媽媽給她送飲料時，發現她正用雙手揪著頭髮讀書。

憂心的父母特地去請教了心理醫生，這才知道莉婷可能是患上了焦慮症，醫生建議他們適當給孩子「減壓」，幫孩子克服焦慮。

回到家後，爸爸把女兒從房間叫出來，送給她一張張信哲的CD，並說：

「你不是喜歡張信哲的歌嗎？有空聽聽吧！有天我坐車時聽見了他的歌，真的不錯！」

莉婷欣喜地接過CD，不一會房間裏就迴盪起輕柔的歌聲。從那以後，父母每週都會帶她去散散步，有時候甚至去電影院看電影，他們發現，莉婷的焦慮症狀果然減輕了很多。有一次，莉婷疑惑地問父母：「你們為什麼帶我出去玩呢？高中聯考考不好怎麼辦？」

爸爸馬上抓住這個機會告訴她：「你不要把聯考看得太重，好像考不好天就會塌下來一樣。

你應該這麼想：我會盡我最大的努力去讀書，但是考試無常，考不好大不了再多讀一年，當然爸爸媽媽也不會怪你！」

莉婷的眼睛一下子亮了起來，她知道該怎麼做了！

那年聯考，莉婷輕鬆沉穩地走進考場，她沒有讓父母失望，以超出錄取分數二十一分的成績，考進了明星高中。

其實當孩子過於焦慮時，父母就應反省一下是否是自己給孩子帶來了太大的壓力，如果是的話，就要幫孩子減輕心理負擔，別讓孩子被壓力壓垮。

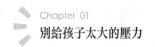

下面就是一些常用的減壓方式，家長不妨參考一下：

一、讓孩子多做一些運動

運動可以增加愉悅感，另外，可以進血液循環，增加大腦的血氧含量，消除大腦疲勞。游泳、打羽毛球、踢足球、打籃球、跳繩都是非常適合孩子的運動。運動還可以消除緊張和疲勞，提高對緊張情境的心理承受能力，增進意志力。

二、用音樂來舒緩情緒

在家庭中，選擇一些曲調比較舒緩、柔和、優美的音樂，如一些古典名曲或莫札特、舒伯特的音樂，經常播放，有助於孩子調節心情和放鬆情緒。

三、用飲食幫孩子減壓

在孩子每天的膳食中，應該注意搭配足夠的蛋白質、水和熱量，特別是新鮮蔬菜和水果。研究已經證明：缺乏維生素易造成疲勞，並且難以緩解，維生素B群和維生素E、C對活化腦細胞、增加腦細胞的能量供應和恢復腦功能有著重要的作用，對消除壓力造成的腦疲勞和失眠都有益處。

四、不要苛求孩子

現在的孩子尤其是獨生子女，往往擔負著好幾代人的希望。父母難免會對孩子提出一些要求，但是一旦要求過高，就會對孩子產生不良影響，所以父母一定要注意提出的要求要順應孩子的生理和心理的成長。

同時，要尊重孩子，不能苛求孩子，當孩子未達到要求時，千萬不要嘲諷挖苦，或者「橫眉冷對」，這樣會使孩子感到壓抑，或是出於叛逆心理而對抗，從而加重孩子的焦慮。父母應給孩子一定的自主權利，與孩子談話時應平等商討，如果孩子脾氣倔強，也要耐心教育，不要用命令、訓斥的口氣，甚至採用粗暴和強制的方法，須知任何與孩子心理和生理不適應的行為和方式都是錯誤的，都是有害的。

五、給孩子一個輕鬆的環境

作為父母，應儘量給孩子一個寬鬆的環境，切不可動輒就施高壓和處罰。父母有責任和義務提高自己對孩子的管理、教育能力，及時發現和解決孩子產生的問題。

平時，要儘量每天抽出幾分鐘時間與孩子談心，一方面拉近父母與孩子的距離，另一方面增進感情。要把孩子培養成自信、豁達、活潑、開朗的人，而要做到這一點，家庭成員之間要和睦、民主，共同營造一個良好的生活環境和家庭氛圍，這是讓孩子遠離焦慮、實現健康成長的一個重要條件。

六、給孩子一些恰當的指導

當孩子對某事表現出過強的焦慮時，父母要引導孩子講出自己所擔憂的事情，對孩子的痛苦表示同情，並積極消除孩子的顧慮，幫助孩子控制不安和失敗的心情。

由於焦慮往往是和緊張的氣氛相聯繫的，所以可以經常帶孩子進行戶外活動，這樣有益於保持樂觀的情緒，消除焦慮的不良影響。

父母應當注意自己的一言一行，不要給孩子過大的壓力，當孩子有焦慮的症狀時，就要採取多種措施，幫孩子減輕憂慮，澄清認知。

Chapter 02

讓孩子喜歡並接受自己

如果孩子不能全面地認識自己、看到自己的長處，
那就會出現很多問題。
比如自卑、嫉妒別人等等。
因此，家長們要讓孩子們看到自己的優點，
要讓孩子喜歡自己，這樣孩子才能自信地面對生活。

別讓孩子瞧不起自己

生活中，很多孩子都存在著自卑心理，他們看不到自己的長處，總覺得自己不如別人。他們對自己各方面的評價都很低，有的孩子甚至在父母面前也會感到自卑。

這種自卑心理會給孩子帶來極其嚴重的影響，試想一下瞧不起自己的孩子，怎麼能獲得成功呢？因此，家長們就應該想辦法幫孩子建立起自信心。

君君是個十六歲的女孩子，剛剛升上高中，她的個性內向，有很深的自卑心理。

媽媽抱怨說：「我不知道這孩子一天到晚在想什麼！別人的孩子都那樣自信活潑，可是我的孩子卻……」

君君到底在想什麼呢？請看她的一段內心獨白：

「上了高中後，我心裏常被一些說不清、道不明的莫名其妙的感覺襲擾，並且越來越嚴重。有時心裏空蕩蕩的，沒著沒落；有時又亂哄哄的，不知應該做些什麼。

同學們都在爭分奪秒地複習功課，準備升學，可是我聽課時卻靜不下心，作業也懶得完成。

像我這樣一個無用的人，將來能做些什麼？升學，我能考上嗎？經商，我哪有這樣的天賦？靠彈鋼琴賺錢養活自己，但我又哪有那麼大的能力呢？

同學們整天都在忙忙碌碌、戰戰兢兢地複習，空閒時間還三五成群、歡呼雀躍地參加文藝活動及各種競賽，可是我無論做什麼事都猶猶豫豫、憂心忡忡，拿不定主意，經常因為害怕失敗而退避三舍。

我終日六神無主，心灰意冷，學業成績不斷退步，上課、寫作業成了一種負擔，只能靠畫畫打發時間。生活是這樣索然無味。

我真心希望自己將來能有所作為，至少成為一個能自食其力的人，可是我又總是缺乏把一件事持之以恆做到底的信心，因為我不相信自己有做好一件事的能力。在同齡人面前，我總感到自己比別人矮一截，有時甚至覺得別人看我的眼神都是鄙視和冷漠的。

像我這樣一個多餘而毫我價值的人，生活在這個世上還有什麼必要？真不如死了的好——」

心理學家告訴我們，孩子的自卑往往是由於自我評價過低導致的。一些自卑的孩子，往往認為自己處處不如人，這也不好，那也不行，比如這個故事中的君君，她就是把自己貶低的一無是處。

而事實上，她既然能考進明星高中，起碼她的學業成績就應該不錯；她會彈鋼琴、會畫畫，這說明她應該是個多才多藝的女孩子，但他卻偏偏看不到這些，反而沉浸在自卑的情緒裏。

一個人認為自己是怎樣的比他真正是怎樣一個人更重要。因為每個人都是按他認為自己是怎樣的一個人而行動的。自卑者不能全面、客觀地評價自己。

他們往往拿自己的缺點和別人的優點相比，看不到自己的「長處」和「過人處」，卻對自己的短處和缺陷妄加評判，形成消極的自我概念。這是一種認知悲劇。那麼怎樣才能幫孩子建立自信呢？

心理學家認為，要做到這一點，首先就得讓孩子喜歡自己、接受自己。

一、告訴孩子，不是只有你會自卑

著名的精神分析家阿德勒曾說過，所有的人都有那麼一點自卑，無論他是高官富商，還是市井平民、概莫能外。也就是說自卑感是一種普遍存在的心理狀態。其實適度的自卑可以使人認識到自己的不足之處，從而激發人奮發向上，努力進取。

因此，自卑感及其對它的克服、超越，可以使人完善自我，是人走向成功的起點和橋樑。如果沒有自卑感，也就沒有進取心。

其實人人都會產生自卑，只是程度不同而已。所以，要正確對待自卑，不要只看到自卑的危害，更不能因為自己自卑而自卑。

二、引導孩子全面地評價自己，認清自己

一些孩子在做自我評價時，往往只看到缺點，看不到優點，而且有時評價的也不夠全面。比如，孩子常會這樣說：「我笨死了，學業成績不好！」「我不夠聰明，總是反應很慢！」其實評價應該是多方面的，不能只看學業成績。

孩子應從以下幾個方面分析評價自己：

①學習能力：如觀察力、記憶力、思維力、創造力、想像力和實際能力。

②特殊能力：如繪畫、音樂、書法、寫作、體育等。

③學習態度方面：如興趣、愛好、勤奮、競爭意識和獨立性等。

④人品和個性特徵，如自我控制和自我調節以及道德品質、理想信念等。

家長可以引導孩子自評和他評。讓孩子列舉出自己的優缺點，把他們寫在一張卡片上；再請其他的同學在另一張紙上列出孩子的優缺點，兩者比較，以得出比較客觀的結論，並提醒孩子多注意自己的優點，增加自信心。這樣孩子就會欣喜地發現，原來自己有那麼多的優點，並不是一無是處的。

三、教孩子一招自卑補償方法

家長應教育孩子在遇到挫折的時候，從各方面辯證地看問題，形成「合理化認識」。如，當考試成績差時，可以強調考試時臨場發揮不好或考試環境不利等其他外在原因，以減輕自身的壓力。

同時要教孩子利用自卑補償法和轉移等心理防禦機制，以保持心理完整或平衡，認識到某一方面的缺陷和不足可以透過其他方面的完美和豐富進行補償和修正。

通常可以使孩子從兩個方面進行心理補償，一是以勤補拙，如果某方面的不足，是由於自己努力不夠而潛力沒有充分發揮，那麼就以最大的決心和毅力去使缺陷變為完美。

二是揚長避短。如長相平平，就可以用優異的成績來補償；學業成績普普通通，可以透過訓練，諸如：書法、雕刻、繪畫、音樂等，獲得他人所不及的特殊能力。

「失之東隅，收之桑榆」，理智地對待缺陷，尋找合適的補償目標，從中吸取前進的動力，就能把自卑轉化為一種奮發圖強的動力。

四、讓孩子多給自己一些積極的暗示

著名心理學家莫頓曾提出「預言自動實現」的原則，認為人們具有一種自動實現預言的傾向。他相信，在我們心靈的眼睛面前長期而穩定地放著一幅自我肖像，我們會讓自己與它越來越接近。

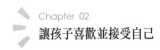

所以，如果我們把自己想像成勝利者，將帶來無法估量的成功。當感到信心不足時，孩子應該給自己進行積極的自我暗示，把「沒什麼可擔心的，我也行」、「我一定能成功」之類的話寫下來，或者大聲說出來。

父母應幫助孩子重新認識自己，不要只盯著缺點不放，當孩子開始喜歡自己、接受自己時，他們也就成功地遠離了自卑。

給孩子更多的關注和肯定

自卑的孩子走路總是低著頭，不敢與人主動打招呼；不敢當眾發言，怕引起別人的注意，而且也不敢正視別人，說話低聲細語，整天愁眉苦臉，父母因此憂慮不已：孩子這麼自卑，以後怎麼跟人打交道啊！

其實，這些自卑的孩子也討厭自己畏畏縮縮的樣子，在內心深處，他們甚至比普通孩子更加渴望父母和老師的讚美和關注。因此，如果家長能夠給孩子更多的肯定和關注，讓孩子喜歡自己，那麼孩子自然就不會再自卑了。

有一個男孩子，從小就特別害羞，媽媽還曾取笑他：「我的這個兒子簡直比女孩還容易害羞！」

孩子漸漸長大了，他的害羞的情緒好像更強烈了，看到陌生人不敢說話，路上遇見老師同學都要躲著走。

爸爸很生氣，罵兒子沒出息：「連和人打招呼都不敢，以後能有什麼用啊！」爸爸失望地說。

孩子在日記中寫道：「現實生活中，我是一個沒用的孩子，害羞、內向、膽怯，什麼也不行！可是我多麼渴望自己能像同學們那樣啊！神彩飛揚地演講，大聲地說笑，在運動會上表現出自己的實力，在同學的加油聲中飛跑……我真討厭現在的自己！」

教育學家告訴我們，孩子的自卑心理是可以調整的，自卑的孩子需要鼓勵、需要肯定。如果父母、老師能夠多給這些孩子一些關心，讓他們悅納自己，不再厭惡自己，那麼這些孩子就會變得更快樂、更自信！

那麼，父母、老師應該怎麼做呢？

一、給自卑的孩子更多的關注

自卑的孩子其實是非常渴望別人的關懷和關注的，特別是老師和家長的關注。所以，我們應適時地滿足孩子的心理需求。

琳葳長相不出眾，膽小畏縮，上課很少回答問題，喜歡一個人在教室裏呆坐。在一次美勞課上，老師讓大家做紙飛機，琳葳一點也不會做，老師過去教他，可是他還是不會。

全班小朋友一起喊：「老師！讓琳葳上臺去做。」

老師原本怕傷了他的自尊心，正打算制止他們，卻見琳葳表現出從沒有過的開心，和同學推擠嬉笑。老師頓時明白，琳葳的自卑也許正是因為從來都沒有像今天這樣備受關注。

二、多給自卑的孩子一點讚美

對自卑的孩子，父母或老師應適當降低對孩子的要求，不要太過苛求孩子。對他們正在做的有意義的事或平時的點滴進步，都應及時予以讚美或肯定。

假如孩子捏了一隻狗，那麼你最好不要過多地挑剔這裏不好、那裏不像，而應對孩子的每一成功之處予以發現並做出由衷的讚賞：「你看，那狗的尾巴捏得真好呀，好像是真的一樣！」這樣孩子就會越來越有自信。

菲鈺是個自卑的孩子，在一次繪畫課上，菲鈺在畫紙上畫了一個會飛的小人。小朋友們看了哈哈大笑，都說菲鈺笨！菲鈺低著頭，臉紅紅的。這時老師拿起菲鈺的畫，臉上露出滿意的表情說：「菲鈺的想像力真豐富，她是畫了一個外國的小朋友，飛來我們這個城市玩，老師猜對了嗎，菲鈺？」

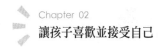

菲鈺深深地點了點頭。

下課後，菲鈺跑到老師面前說：「老師，謝謝您！」聽到菲鈺的這句話，老師很高興，因為孩子的肯定是最珍貴的。

當然，需要強調的是，你應該讓孩子覺得：你對他的讚美是誠懇的，而不是應付的，客套的，這樣孩子才會真正相信自己是值得別人喜愛的。

三、給自卑的孩子一個表現的機會

老師在上課的時候，應當儘量讓他們回答容易回答的問題，舉辦團體活動或遊戲時，也要分給他們角色，給予他們更多的表現機會。

雪莉膽怯而害羞，常常一個人坐在角落裏發呆，不敢與人交往。細心的老師發現自卑的雪莉特別喜歡小動物且想像力豐富，還知道各種小動物的生活習性。在班級的一次晨會上，老師就安排雪莉講有關小動物的故事給同學們聽，全班同學都聽得入神，並情不自禁地鼓起掌來，有的同學喊著：「雪莉，你太棒了！」

雪莉高興地笑了，從此，她也不再只是角落裏的雪莉了。她變得喜歡跟同學交往，喜歡回答問題了，語言表達能力也有了很大的進步。

四、多幫孩子肯定自己

自卑的孩子，自我肯定往往也是脆弱的，因此極需要得到父母經常不斷的強化。強化孩子自我肯定的方法很多。

比如：可讓孩子為自己記一本進步手冊，並告訴孩子，所謂「進步」，並不一定非得是了不起的成就，任何小小進步，以及為這種進步所做出的任何小小努力，都有資格記載入冊。

你也可為孩子準備一些小小的獎品，如：筆、玩具、CD等，每當孩子做出了一件令他自己感到自豪的事或一點成績，你就可以獎品鼓勵他；你還可以教孩子不斷地對自己做正面的暗示，比如，當孩子遇到困難躊躇畏縮時，你不妨讓孩子自己鼓勵自己：「這沒什麼可怕的，你一定可以的！」

父母或老師的肯定就是醫治孩子自卑心理的靈丹妙藥，這種肯定會使他們對自己有個全新的認識，並慢慢地找到信心。

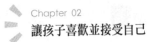

你也有比別人強的地方

當發現孩子嫉妒別人時，父母常會指責孩子心胸太過狹窄，其實，導致孩子嫉妒的原因是相當複雜的，有一點就是害怕。比如：害怕自己不是一個優秀的人。

因此，如果父母能讓孩子更喜歡自己，讓孩子認識到自己也有比人強的地方，那麼孩子的嫉妒心理一定會減輕很多。

孩子的嫉妒往往產生在這樣的情況下：他人的才能、地位、境遇或相貌等方面優於自己；意識到自己對某人、某事、某物的佔有或佔有意識受到現實的或潛在的威脅等。

嫉妒情緒普遍存在著。在嫉妒者的眼裏，被嫉妒者的成功彷彿證明了自己的失敗；被嫉妒者的成就好像印證了自己的無能；被嫉妒者的各種優勢又似乎說明了自己的不幸。

有的人看到別人的才華、能力、榮譽、人際關係、經濟條件比自己好，長相、衣著超過自己，學業成績比自己優秀，便會不由自主地感到羨慕，繼而產生惱怒、痛苦，一些孩子甚至會千方百計地扯別人的後腿。

有一個女孩子，家境不是很好，這使她有點自卑。而和她同宿舍的一個女孩，家庭經濟條件卻非常好，親朋好友常給她買許多衣服、飾品之類。

有一天她趁宿舍無人之際，把這位同學的衣服灑上膠水或乾脆扔出窗外，還把同學的髮飾、化妝品等隨手丟進洗手間的馬桶裡，為此造成了同宿舍同學間的許多誤會。

直到有一天，她又如法炮製時被偶然回宿舍的同學撞見，事情才水落石出。後來這個女孩子哭著說，她只是覺得自己不如人，別人一定在背後笑她，因此才越來越嫉妒富有的女同學，才會做出這種事。

嫉妒者有時是因為無法肯定自我。在他人的心目中，自己是個什麼樣的人呢？自己是不是能憑藉能力取得進步呢？如此之類的問題往往不自覺地在心中出現，而對待這些問題又無法找到解決的答案，時而認為是肯定的，時而又認為是否定的。在這樣的心態下，遇到一些比自己強，人緣比自己好條件比自己優秀的同學朋友便容易產生嫉妒。越是嫉妒，越是無法肯定自我。

要想糾正孩子的嫉妒心理，那麼首先就得要讓孩子學著肯定自己，而要讓孩子肯定自己，就得改正孩子不良的認知習慣。這種認知習慣常出現在不恰當的比較上。他們習慣於用別人的優點、長處與自己的缺點、短處做比較，總覺得自己不如人。

實際上，這種比較是不平等的，怎麼能拿自己的缺點與別人的優點去比較呢？這類孩子往往看不到自己的優點、長處和優勢，發現不了自己的潛力。比如，有的孩子羨慕家庭經濟條件好的孩子，羨慕他們的吃喝、穿戴，卻意識不到和睦的、民主的家庭氣氛往往比經濟條件更重要。因此，看不到自己家庭的優勢，嫉妒那些家庭經濟條件好的孩子。

那麼，家長們怎樣才能做到這一點呢？

一、幫孩子正確認識自我

父母應該讓孩子認識到，每個人都有自己的長處，也有自己的不足。所以作為父母，不但要正確地認識孩子，還要幫助孩子形成正確的自我認識。

孩子都喜歡受到讚美和鼓勵。適度的讚美，可以增加他的自信，促使他不斷進步；如果讚美過度，就會使孩子驕傲，不能正確地進行自我評價，甚至當有人說別人好，沒說他好時，他就難以接受。比如人家取得了成就，便誤以為是對自己的否定，對自己是威脅。其實，這只不過是一種主觀臆想，一個人的成功不僅要靠自己的努力，更要靠別人的幫助，榮譽既是他的也是大家的，人們給予讚美、榮譽，並沒有損害自己。而孩子之所以產生嫉妒心理，是因為他還不能全面地看待問題，不能對自己和他人進行正確的評價，所以父母在與孩子相處的過程中，要注意讓孩子正確地認識自我。

二、培養孩子分析思考問題的能力

教導孩子客觀地看待和分析問題的方法，培養孩子分析思考問題的能力，不僅能使孩子正確地認識自己，正確地對待別人，還能使孩子的理智得到較好的發展。在日常生活中，家長要有意識地選擇環境，創造氛圍，讓孩子從日常的生活中體會到「山外有山，人外有人」，事事領先的人是沒有的。

如果家長設法使自己的孩子養成分析問題、研究問題的習慣，孩子的情感就會不斷豐富，心理就會日趨成熟。這時，即使孩子對某人產生了嫉妒心理，也會很快被理智的想法所抑制。

三、讓孩子看到自己的優勢

俗話說「金無足赤，人無完人」，每個人都有自己的長處和短處，也都有優勢和不足。某些方面自己比別人強，某些方面自己不如別人，這是客觀的必然現象。有些同學記憶力不好，花同樣的時間，沒有別人記的東西多，這點你也不必忌妒別人，而應仔細認識一下自己；也不必抱怨自己，也許你會發現，你有頑強的意志，充分發揮你的意志力作用，可能在別人半途而廢時，你卻能取得勝利。

你的容貌不如他人，但可能你的品德高尚、知識淵博，難道這不同樣值得自豪嗎？為什麼一定要嫉妒別人的漂亮呢？

一個真正瞭解自己長處，喜歡自己的孩子，是不會去嫉妒別人的，因為他有讓自己引以為傲的東西，因此，要治療孩子的嫉妒，只要幫他喜歡自己，接受自己就行了。

Chapter 03

讓孩子由自卑變自信

美國加州大學哲學博士詹姆斯．多伯林提出了「補強法則」。
當一個人的行為得到滿意的結果時，這種行為就會重複出現。
因此，當孩子受到認可時，他（她）的自信就會被激發出來，
不斷重複令人滿意的行為，直到擺脫自卑，
成為自信上進的好孩子。

為孩子喝彩

孩子是非常敏感的，常常容易因外貌或課業成績不如人，而感到自卑，而自卑對孩子的成長是極為不利的。因此，父母必須針對孩子的良好行為或某方面的特長給予讚賞，幫助孩子逐步建立起自信。

美國作家馬爾科姆．戴爾科夫小時候住在伊利諾州，他那無助的眼神，還有習慣於蜷縮在角落的沈默，這一切的行為舉止都告訴了人們，他是一個生性卑怯的孩子。

上中學時，有一天他的老師布羅奇夫人讓學生寫一篇作文，她要求學生在讀完小說《捕殺一隻九官鳥》的最後一章之後，接下去續寫另一章。

戴爾科夫像往常一樣寫完作業就交了上去。許多年過去了，他仍然感歎不已：「我已記不得自己當時究竟寫了些什麼特別的內容，也不記得布羅奇夫人給我打了多少分。

但我的確記得——並且永生不忘——布羅奇夫人在我的作文薄上批下的四個字：『寫得很好！』也許你不相信就是這四個字，改變了我的一生。但事實確實如此。」

「我從不知道自己能做什麼，將來又要做什麼，」他回憶說，「但是看了老師這四個字的評語，信心就突然來到我的心裡。」於是，他回家立刻寫了一篇短篇小說，這是他一直夢想要做，但又決不相信自己能做到的事。

在接下來的學生生涯裡，戴爾科夫寫了許多短篇小說，他總是不忘送給布羅奇夫人批閱。老師非常賞識戴爾科夫，時常給他鼓勵。

因為他表現出了寫作的才能，學校提名他做校刊的編輯，因此，戴爾科夫就更加地有自信，眼界也變得更寬闊，就這樣開始了他輝煌的一生。戴爾科夫確信，如果沒有布羅奇夫人鼓勵他的那四個字，他不可能擁有今天的成就。

心理學家認為，人的能力一旦被認可，就會產生加倍努力的心理，特別是被自己親近、敬仰的人讚賞後更是如此。在這個故事中布羅奇夫人也許並沒有刻意的去讚賞戴爾科夫，但她的讚賞確實在不知不覺中激發出戴爾科夫的自信心。

一位日本的評論家江上藤女士小時候常被大人批評「身材太過於瘦小」，據說江上藤女士從小就對自己的相貌很敏感，是從鄉下來的爺爺，把她從自卑感中解救出來的。

有一次爺爺當著許多人的面前說：「這孩子很討人喜歡，非常可愛。」她心裡非常高興，後來就不斷努力，給別人留下好的印象。如果沒有她爺爺的那句話，江上藤可能永遠也擺脫不了對容貌的自卑感，無論她怎麼樣有才能，也不可能成為著名的女性。

從戴爾科夫和江上藤的例子裡可見，一句讚賞的話能給孩子帶來多大的影響，然而在現實生活中，很多父母並沒有意識到這一點的重要性，他們習慣於指責而不是賞識孩子。比如說，遇到孩子犯錯的時候，他們就會脫口而出：「你為什麼這麼笨啊！」「照這樣下去你還能有什麼出息？」這些父母並不知道他們的責罵，會對孩子造成多麼強烈的負面暗示作用。

這種消極的、缺乏邏輯性、蔑視的口氣，很容易傷害到孩子的自尊心。對於孩子來說，父母具有絕對的權威，簡單的一句話，就會使孩子產生一種，自己的一切全部被否定的感覺。

一受到責備，孩子就會感覺到自己再怎麼樣努力也是白費力氣的自暴自棄心理，甚至對自己其他方面的能力也完全失去了信心。

需要注意的是，不僅說孩子頭腦好壞很重要，就連貶低孩子的容貌，比如說「你的鼻子很塌」、「你的皮膚怎麼這麼黑」等，也容易使孩子喪失自信心，感到沮喪。根據調查顯示，不少青少年犯罪就是因為在家中受到父母的藐視，產生了挫折感，於是有了將錯就錯的想法。

這是因為不論孩子的年齡大小，父母對他們前途的否定，都會對他們造成極大的打擊。尤其是稚齡的孩童，父母講的話，對他們更具有絕對的權威性。即使沒有產生什麼不良的具體行為，但在人格上也會形成極大的負面效應。

因此，為了使孩子擺脫自卑，與其否定不如多去肯定孩子，哪怕孩子只有一點點小小的進步或成就，也要不斷地鼓勵他、讚賞他，告訴他「你是個非常聰明的孩子，繼續努力，你一定會更棒的！」

愛因斯坦四歲多了都還不會說話，人們都認為他是一個「傻子」。上小學了，愛因斯坦的功課很差，表現得也很平庸，訓導主任曾向愛因斯坦的父親斷言：「你的兒子將會一事無成。」

面對人們的譏笑和議論，尤其是面對訓導主任給兒子下的結論，擔任電機工程師的父親並沒有對孩子失去信心，他相信愛因斯坦一定能成才，並且期望他能做出偉大的事業。

為了培養孩子的自信心，父親為愛因斯坦買了積木，讓他搭房子，每搭好一層，便讚美和鼓勵一次，結果，愛因斯坦情緒高漲地一直搭到了第十四層。父親還積極地透過各種方式幫助愛因斯坦建立自信，消除愛因斯坦的消極情緒。而父親的賞識，也點燃了愛因斯坦心頭的希望之火，使愛因斯坦因此而振作起來，他以一種不斷進取的心態，努力向上，最終成為舉世矚目的偉大物理學家。

心理學家以及教育學家的研究報告指出：孩子的年齡越小，越需要外界的鼓勵。小學階段的孩子，尤其是小學低年級的孩子，他們對自己的認識和評價，大多是從他人對自己的評價得來的。也就是說外界的批評或讚美，會深深的影響著孩子的情緒或行為。

愛因斯坦是幸運的，因為他有一個明智的父親。他的父親運用他的智慧和愛心給予了愛因斯坦真誠的讚賞，還透過不斷的努力，幫愛因斯坦建立了自信，讓這個被認為將會「一事無成」的孩子重獲信心，並終有所成。

但和愛因斯坦的父親相比，我們現在的父母更在意的是怎樣滿足孩子的物質需求，給予孩子許多身體上的照顧，卻很少注意到他們自尊的需要。

他們會為孩子準備營養豐富的食物，卻不瞭解一句由衷的讚美，能給孩子帶來無窮的信心與快樂。吃飯、穿衣、身體健康只是孩子有形生命的需要，而內心世界的滿足和愉悅，是所有孩子無形生命的需求，也是一種高層次的心理需求。

可是，我們有的家長卻忽視了孩子的無形生命，不知道孩子心靈深處最強烈的需求是什麼。

他們認為，只要在物質生活上儘量滿足孩子吃的、穿的、住的和玩的都是最好的，這樣對孩子來說，就足夠了。這也正是他們苦思不得其解，為什麼為孩子做了那麼多，孩子卻不領情的原因。他們並沒有意識到，人性最強烈的渴求就是自尊和受他人的重視。

林肯曾說過：每個人都希望得到讚美。心理學家威廉・詹姆士也說過：人性最深切的渴望就是獲得他人的讚賞，這是人類之所以有別於動物的地方。

一位年輕的母親講了一件令人深思的事：她的兒子是幼稚園裡的頑皮大王，每天她去接孩子時，老師都要對她說，「您的孩子今天搶了另一個孩子的棒棒糖！」「小童太頑皮了，他今天把板擦當球踢！」……對於兒子的不聽話，年輕的母親十分頭痛。

有一天，她去接孩子時，老師什麼也沒對她說。

就在晚上她正在做飯時，卻發現兒子趴在沙發上大哭。她問兒子發生了什麼事，結果兒子一邊抽泣一邊說：「我今天沒做任何一件惹人生氣的事，難道我今天不是一個很乖的孩子嗎？」原來小男孩是因為自己良好的表現沒有得到媽媽的讚賞而失望。

生活中，許多父母不願讚美、讚賞孩子，他們認為，只有嚴厲孩子才會聽話，讚美孩子只會使孩子驕傲起來。但事實上孩子是非常需要父母的鼓勵和讚美的，他們需要透過父母的鼓勵來建立自己的信心和勇氣，他們需要透過父母的承認找到自己的位置。

孩子在一種被賞識的環境中生活，經常聽到的充滿鼓勵的語言，那麼孩子就會變得非常有自信，他的心理、生理會調整到一個最積極最活躍的狀態，真的就能如父母所期望的那樣達到目標。

因此每位家長對孩子都要有一個好的期望，而且要透過言行舉止讓孩子感受到你的賞識。

孩子的成長方向絕大多數是來自父母的賞識和期望，所以不要放過任何一個鼓勵孩子的機會，因為他終將成為你期望中的好孩子。

每個孩子都是天才

法國教育家埃爾維修說：「即使是很普通的孩子，只要教育得當，也會成為不平凡的人。」這也就是說，每個孩子都有「天才」的潛能，關鍵是父母能否及時發掘，因此做父母的您就需要在孩子成長過程中，不斷的開發孩子的天賦，激發他們的自尊心和自信心。

畢卡索出生於一八八一年，他的父親何塞是個非常開明的人。有一天，他發現三歲的畢卡索居然在一張紙上，畫上了媽媽懷孕時的樣子，何塞認為自己的兒子在繪畫上是非常有天賦的。

然而，有著驚人繪畫天賦的畢卡索在循規蹈矩的學校裡，根本就算不上是一般人所認定的那種好學生。只有在畫畫時，畢卡索才會表現出驚人的能耐，他可以一連幾個小時不放下畫筆，與他在課堂上的表現判若兩人。

同學們對著畢卡索大喊：「笨蛋，二加一等於幾？」而老師則認為畢卡索根本就不具有上學的能力，還多次在畢卡索父母的面前，數落他的「遲鈍」症狀。畢卡索因此而陷入了自卑的泥沼之中。幸運的是，畢卡索有個賞識自己的父親，何塞並沒有對自己的兒子失望，而是認定兒子的繪畫天賦，會讓他成為一個不平凡的人。何塞想，與其讓孩子在正統的學校教育中一無所獲，還不如讓畢卡索在他熱衷的繪畫上有所成就。於是，何塞決定把畢卡索送到當地知名的美術學校，並親自擔任兒子的輔導老師。

也因為父親的支持，所以在藝術的長廊中，畢卡索的名字與達文西齊名。並不是每個孩子都能有像何塞這樣開明的父親，很多家長往往被孩子表面上的成績給蒙蔽了，認為自己的孩子「反應差，不夠聰明」。然而，美國的人類潛能開發專家葛蘭・道門醫生認為：每一個正常的孩子在其出生的時候，都具有莎士比亞、愛因斯坦、牛頓等人那樣天才的潛能，其關鍵是後天能否把這種潛能發掘出來。

不要懷疑這種說法，美國著名的心理學家羅森塔爾做了一項試驗證明了這一點。羅森塔爾和他的助理來到美國東部的一所小學，聲稱要進行一個「天才測驗」，首先，他給全校學生做了一次智力測驗，測驗後，他並沒有給那些測驗卷打分數，而是隨機抽出二十名學生，並以讚賞的口吻告訴老師，這些學生的智商都在一百三十到一百四十之間，是屬於天才型非常優秀的孩子，在課業上具有極大的潛力。

儘管這二十名學生當中，有不少是不愛讀書的孩子、蹺課的孩子、表現平庸的孩子，但大家都對羅森塔爾的話深信不疑：這些孩子都是高智商的天才，只不過沒有發揮出自己的潛能。根據羅森塔爾的要求，校長又把三位老師叫進辦公室，對他們說：「根據你們過去三、四年來的教學表現，你們是本校最優秀、最有潛力的老師。為此，我們特別挑選了這批全校最聰明的學生來讓你們教。這批學生的智商比同齡的孩子都要高，希望你們能取得更好的成績。」

一年後，羅森塔爾再次來到這所學校，奇蹟出現了。凡被認為是「最優秀的」學生，成績都有了明顯的進步，而且各方面都表現得很優秀。被賞識的學生在智商上有了明顯的提高，這一點在智商中等的學生中表現得尤為顯著。從教師所做的行為和性格鑑定中可知，被賞識的學生表現出更強的適應能力以及求知欲。

這時候，校長告訴老師們真相：這些學生並不是刻意選出來的，而只是隨機抽選出來的普通學生。三位老師萬萬沒有想到事實會是如此，只有歸功於自己教得好。校長沒有告訴他們另一個真相：他們三個也是在教師中隨機抽選出來的。

這真是一個非常有趣的實驗：羅森塔爾的謊言使老師們相信那些被指定的孩子，都是有前途的天才孩子，於是便自然而然地對這些孩子寄予了更高的期望和熱情。接著老師的信任和熱情又感染了這些孩子，所以孩子們變得更加的主動、更加的有自信，結果在各方面都得到了超乎尋常的進步，真的就如同眾人所期望的那樣成為了天才孩子。

羅森塔爾的實驗是非常有意義的，它向家長們說明了這樣一個道理：每個孩子都有可能成為天才，但要讓孩子成為真正的天才，家長就要像對待天才一樣欣賞他、教育他。有的家長可能會說：我的孩子從來就沒有考過好成績，既不會演講，又不會唱歌跳舞，即使我想要像培養天才一樣培養他，也無從著手啊！

在這種情況下，你不一定非要發掘出孩子在文學或藝術等方面的天賦，重要的是要激發他們的自尊心和自信心，不要讓他們陷入自卑的境地。

有一個教育學家辦了一場「我之最」活動，即讓每個孩子都展現出各自的「絕招」、「絕才」、「絕優」、「絕長」，結果收到了良好的效果。許多被人瞧不起的孩子或那些被忽視的「平庸孩子」，也紛紛登臺露一手，有的剪紙、有的爬樹、有的馴狗、有的講恐龍化石的知識、有表演花式滑直排輪，等等。孩子們由於展現了自己最拿手的本領，自信心大增，彼此之間也刮目相看了。

教育學家說：「所有難教育的孩子，都是失去自信心的孩子。所有好教育的孩子，都是具有強烈自信心的孩子。教育者就是要千方百計地保護孩子最寶貴的東西——自信心。那麼，要如何培養孩子們的自信心呢？我想，一個不可忽視的途徑，就是給每個孩子製造表現能力的機會，讓他們都能嘗到成功的喜悅。」

當然，總會有一些孩子的實力弱了一些，甚至幾乎找不出什麼特長絕招。但是，透過「讓每個學生都擁有一項特長」的活動，來挖掘孩子的潛力和技能培訓，使孩子們普遍增強了實力和信心。不要小看這種活動，當孩子有一項比別人強的「特長」，就能散發出自信心，便會覺得只要自己肯去做，一定不會比別人差。而這種自信心也會延伸到其他領域，使孩子更具積極性。因此，父母應盡力挖掘孩子的優勢潛能，不論是在課業上還是在個人嗜好方面，有了優勢潛能，孩子就會擁有信心。

總之，當你看到鄰居孩子表現傑出，自己的孩子卻成績平平時，千萬不要埋怨自己的孩子一無是處。要相信你的孩子也是個潛在的天才，只是暫時被壓抑了，只要你願意付出關懷和愛，你的孩子也會是一個光芒四射的天才。

孩子不可能事事高人一等，不要因為孩子在某方面的表現不理想而煩惱，應隨時隨地對他的優點加以讚賞，充分發掘孩子的潛力，只要堅持下去總有一天你的孩子也會成為天才。

讚賞可以創造奇蹟

有些父母認為對孩子一定要嚴管，因此當孩子在課業或生活方面做的不盡如人意時，他們就會抱怨孩子責罵孩子。然而這樣做究竟有何益處呢？這樣的做法反而會讓孩子覺得：反正我就是沒出息，怎麼做也沒有用。因而更加的自暴自棄一蹶不振。這樣的結果不會是父母們希望看到的，因此做父母的應該試試賞識教育，肯定孩子的長處和點滴進步，你會發現孩子在一天天的進步，你的讚賞創造了奇蹟。

紐約的黑人貧民窟環境髒亂、充滿暴力，而在這裡出生的孩子，耳濡目染，他們從小翹課、打架、偷竊甚至吸毒，長大後很少有人從事正當的職業。然而，這裡卻誕生了美國紐約州歷史上的第一位黑人州長。

羅傑・羅爾斯就是那個創造奇蹟的孩子。羅傑・羅爾斯讀小學時是個非常調皮的孩子，就像他的同學一樣。他們不聽從老師的教導，曠課、鬥毆，甚至砸爛教室的黑板。老師和校長想了很多辦法來引導他們，但是仍沒有用。

這一年，學校來了新的董事兼校長——皮爾．保羅。皮爾．保羅想盡辦法來改變這些孩子們，他發現這些孩子都很迷信，於是他在上課的時候就多了一項內容——給學生看手相。他試圖用這個辦法來鼓勵學生。

輪到羅爾斯時，皮爾．保羅校長說：「我一看到你修長的手指就知道了，你將來會是紐約州的州長。」幼小的羅爾斯大吃一驚，因為長這麼大，除了奶奶說過他可以成為五噸重小船的船長外，從來沒有人相信他今後能有什麼成就。而這一次，皮爾．保羅先生竟說他可以成為紐約州的州長。他記住了這句話，並且相信了它。

從那天起，「紐約州州長」就像一面旗幟，引導羅爾斯在接下來的四十多年裡按州長的身份要求自己，羅爾斯的衣服不再沾滿泥土，說話時也不再夾雜污言穢語，羅爾斯不再蹺課、不再與老師作對，他開始抬頭挺胸走路……終於在五十一歲那年，他成了紐約州的州長。在就職的記者招待會上，面對記者對他為什麼能取得如此成就的疑問，羅爾斯只說了一個名字：皮爾．保羅。

按照我們「近朱者赤，近墨者黑」的說法，羅爾斯確實創造了一個奇蹟。而這個故事也再次印證了賞識教育法中的一個觀點：賞識導致成功。

做父母的應該勇於承認差異，並鼓勵孩子逐步縮小差異，不要一味的抱怨孩子這裡不好那裡不行，這對孩子而言是百害而無一益的傷害，把本來活潑可愛的孩子變成沒有理想、沒有志氣、庸庸碌碌過一生的人。

有這樣一對父母，他們都是受過良好教育的人，他們的孩子非常聰明可愛，但就是有點貪玩不愛讀書，於是這對父母就每天訓斥孩子「沒有用，簡直是個廢物！」弄得孩子信心大失。有一次這個孩子考了一個不錯的分數，他興高彩烈地把試卷拿回家去，結果爸爸說：「這真的是你自己做的嗎？」媽媽斜著眼對他說：「你功課已經很糟糕了，竟然小小年紀就開始學會說謊！」

結果孩子垂頭喪氣地走了，從此以後果然沒有再考過好的分數。那對父母就像是個專業的預言家，對著孩子直接了當的說：「早就說過你不行了吧！看你那點出息！」

這是一對多麼可悲的父母，心理學家的研究說明：這類父母之所以認為自己的孩子「不是那塊料」，實際上是自己沒有識才的眼光與水準。自卑的父母都盼望孩子能成才，由於不懂，甚至不相信自己能育子成才，因此就用「不是那塊料」的惡棒，把自己與子女都毀掉了。要知道，即使是荊山之玉，儘管很美，也需要識別、雕琢，否則也不會成材的。

不管你相不相信，孩子都是越誇越好，越罵越糟的。當你在責罵孩子時，你就已不斷的在向他施加心理暗示：你不行的，你不會成功的。試想一下，幼小的心靈怎能抵得過這樣的「咒語」，在這樣的情況下，孩子不變成庸才才怪。相反，如果你能經常地鼓勵孩子，孩子就會下意識地按照父母的期許調整自己的行為，直到達到父母的期望為止。

這裡有一個關於著名成功學家拿破崙．希爾的故事。希爾小時候曾被認定為是一個壞孩子。

只要是窗戶的玻璃破了，母牛走失了，樹被莫名其妙地砍倒了，每個人都會認定是他做的，甚至連父親和哥哥都認為他是個無可救藥的壞孩子。人們都認為母親死了，沒有人管教是拿破崙．希爾變壞的主要原因。既然大家都這麼認為，他也就無所謂了，於是變得更加肆無忌憚。

有一天，父親說要給他們找一個新媽媽，大家都在猜測新媽媽會是什麼樣的人。而希爾卻打定主意，根本不把新媽媽放在眼裡。陌生的女人終於走進家門，她走到每個房間，愉快地向每個人打招呼。當走到希爾面前時，希爾像電線桿一樣站得筆直，雙手交叉在胸前，冷漠地瞪著她，一絲歡迎的意思也沒有。「這就是拿破崙」父親介紹說：「他是家裡最壞的孩子。」

令希爾永生難忘的是繼母當時所說的話。她親切地把手放在希爾肩上，看著他，眼裡閃爍著光芒。

「最壞的孩子？」她說，「一點也不，他是全家最聰明的孩子，我們要把他的本性誘導出來。」

從此以後，拿破崙正如他的繼母所說的那樣，成了全家最聰明的孩子。繼母造就了拿破崙．希爾，因為她相信他是個好孩子，這就是賞識給孩子帶來良好影響的最佳例證。

要使「讚賞」發揮最大的效用，那麼就要運用的恰如其分，無限地誇大也是不妥的，賞識要有多少說多少。

因此，我們給家長們提出如下建議：

一、用賞識的眼光觀察孩子

在日常生活中，務必注意孩子的行為舉止、好惡，在他與別人玩耍、交談、閱讀時觀察他，你就會發現你的孩子雖然不愛彈琴卻喜歡繪畫，雖然沒有耐心卻有創意，雖然不善言辭卻很熱心，孩子總有他優秀的一面，記下孩子的性格傾向，從而誘導他。

當父母用賞識的眼光來看待自己的孩子時，就會發現他們的魅力四射。

二、創造機會鼓勵孩子

賞識不是只有口頭上的讚美，它孩需要實際上的行動，父母應多給孩子創造發揮他們才智的機會。比如家裡有人過生日時，鼓勵孩子們表演節目；每週利用一個晚上輪流朗誦短文並發表心得；每月辦一次派對，邀請孩子的朋友參加，每人獻出一個絕活……。

此外，隨時找機會讓孩子幫你忙，如：洗碗、拖地、收衣服等等，孩子會越做越有信心，才不會退縮在自卑自閉的世界裡。

三、多給孩子一點時間

賞識就是一種寬容，既然給孩子機會，就需耐心等待孩子發揮潛力。有些父母嫌孩子做不好事，乾脆自己來，孩子也樂得坐享其成，而讓自己的「天資」睡著了。另一些父母，當孩子一時達不到自己要求時，就一味的指責、批評，孩子的潛能就因此而被壓抑住了。

四、不要吝惜你的讚美

當孩子達到一定的成績時，記得要給他讚美和鼓勵的掌聲，因為即使是個天才，也同樣需要成功的體驗來積累信心。

賞識處理得不好就會帶來驕傲的副作用，因此在肯定孩子的每一個進步的同時，也要讓他看到新的目標，產生「更上一層樓」的願望。

Chapter 04

給自負的孩子「潑冷水」

自負是指自我評價過高，目中無人，
其實這種心態對孩子的成長是極為不利的，
因此一但發現孩子有自負的行為時，
父母就應當，適時地給孩子潑點冷水，
讓孩子學會理性的評價自己，正確的認識自己。

讓孩子知道自己並非全知全能

孩子很容易驕傲自滿，盲目的自高自大，這對孩子來說是非常危險的。自負會讓孩子放棄努力，而且自負會讓孩子孤立自己，在生活中處處被拒絕，因此，父母一定不要讓孩子變得目中無人，在孩子表現的過於自滿時，向他潑點冷水，讓孩子看到自己的不足之處，就是糾正孩子自負心理的不錯辦法。

生活中，一些父母過於強調自信，不斷給孩子灌輸「你是最優秀的」思想，結果一些孩子變成了盲目自大令人討厭的人。

在某明星中學裏發生過這樣一件事：音樂課上，實習老師剛走出教室，「啪」的一聲脆響，一本書被狠狠摔在桌上，「有幾個音彈錯了，尾音也沒唱出來，這樣的水準還敢來教我們！」驚愕的目光都聚集在她——田寧的身上。

她從小就深受執教於音樂學院的母親影響，彈得一手好鋼琴，在聲樂、舞蹈方面也不錯，曾多次代表學校參加各縣市的鋼琴比賽而且屢屢獲獎。

田寧不僅有這些才藝特長，而且還寫得一手好文章。但是這樣的一個好學生，同學們卻都不太喜歡她，背地裏都叫她「冰山美人」。

為什麼呢？原來除了幾個親密的朋友外，她不大愛和其他同學講話。當有同學問她問題時，她總是很輕蔑地說：「這麼簡單的問題需要問嗎？」久而久之，沒人願意接近她了。

另外，田寧的家境非常好，媽媽甚至帶她去名牌專櫃買衣服，因此打扮入時的她有很多優越感，經常挑剔譏諷其他同學。一旦某位同學打扮的漂亮一點，她就會很不屑地說：「地攤貨，質感真差。」

她也有自己的弱項——體育。

但她不僅不力求改善，反而認為有體育特長的人都是「頭腦簡單，四肢發達」，並對他們嗤之以鼻。

生活中，像田寧這樣的孩子並不少見，這些孩子通常瞧不起別人，總認為自己比別人強得多，把別人看的一無是處。

在人際互動中，自負的孩子不懂得交往應以互相尊重平等對待為原則，總是表現出一種優越感，盛氣凌人，只強調自己的感受。

古人云：謙虛使人進步，驕傲使人落後。驕傲自大必然會對孩子的發展產生消極影響。

驕傲自大的孩子常在自己的周圍樹立起一道無形的「城牆」，形成與外界的隔閡，這使他們的心胸變得很狹窄。他們雖能取得一定的成績，但往往沒有遠大的理想和志向，而只滿足於眼前取得的成績。而且，他們看不到別人的成績，只會「坐井觀天」。

驕傲自大的孩子很難和同學們友好相處，因為他們不能做到平等相待，而總是以高人一等的態度對待人或喜歡指揮別人。

驕傲自大的孩子情緒也不穩定，當人們不理睬他時，他會感到沮喪；當他遭到失敗和挫折時，又會從驕傲走向悲觀、自卑和自暴自棄，否定自己的一切，覺得自己什麼都不如別人。

因此，父母千萬不要忽視孩子的自負心理。

俊民是小學二年級的學生，聰明好學，勤奮向上。在一次朗誦比賽中，他又獲得了全校的最佳朗誦獎，心裏像吃了蜜一樣甜。

回到家後，他把朗誦稿交給女傭瑪麗，並得意地對她說：「瑪麗，你念一段給我聽聽，怎麼樣？」

這個善良的女人拿起朗誦稿，仔細地看了一遍，然後結結巴巴地說：「俊民，我不認識這些字。」

俊民更加得意了，他以最快的速度衝進客廳，得意忘形地對父親喊道：「爸爸，瑪麗不識字，可是我這麼小，就得了朗讀獎狀，這是多麼了不起啊！再看看瑪麗，拿著一本書卻不會讀，這太可憐了，我不知道她心裏是什麼感覺。」

父親皺著眉頭看了看俊民，沒有說一句話，他走到書架旁，拿下一本書，遞給他說：「你看看這本書，就能體會到她心裏的滋味了。」

那本書是用拉丁文寫的，俊民一個字也不認識，他的臉脹的通紅手足無措地站在那兒，一句話也說不出來。

爸爸仔細地看了看他，然後嚴肅地說：「沒錯，瑪麗不認識字，可是請記住，你不會念拉丁文！」

俊民永遠都不會忘記那次的教訓，無論什麼時候，只要想在別人面前吹噓的時候，他就馬上提醒自己：「記住，你也不會唸拉丁文！」

這位父親是非常明智的，他沒有縱容兒子的自負心理，而是適時地向兒子潑冷水，讓兒子重新認識自己、評價自己。

然而生活中，有多少父母能正確處理孩子的自負心理呢？一些父母甚至本身就對孩子的優越感負有責任。

比如，有些父母由於自身條件比較優越，總是表現出一副洋洋得意、目中無人的姿態，經常會流露出對他人的不屑。

如他們經常議論同事的缺點，某某人不如自己。孩子聽到這些話，也會仿效父母，只看到自己的長處，而嘲笑別人的短處。因此，父母必須從自身做起，教育孩子回歸理性，正確評價自我。

在這裏，我們給各位家長幾點建議，希望各位家長能引導孩子克服自負，正確的評價自我。

一、全面評價孩子，要讓孩子看到自己的缺點

孩子的自我認識受到父母評價的極大影響，這就需要父母在進行評價時秉持客觀、全面，不能只讚美其優點，更要指出其缺點，不要因為愛孩子就忽視、縮小甚至幫助其掩蓋缺點。對優點要讚美，但要適度。要讓孩子意識到做為家庭、學校、社會的一員，理應有合格的表現。

家長要提醒自負的孩子在歸納成功原因時要注意實事求是，要認識到老師、家長、同學的幫助以及一些客觀條件的促進作用，切不可把成功完全歸功於自己而沾沾自喜。

二、讓孩子學會欣賞他人的優秀之處

家長應指導孩子學會欣賞他人，讓孩子知道「人外有人，山外有山。」學會欣賞他人才不會自視過高。對於孩子來說，學會欣賞他人並非易事，但只要在日常生活中稍加注意，從點滴做起，慢慢就會做到，從而克服自負心理，比如學會寬容、學會傾聽、尊重與瞭解他人、關心愛護他人等，均有助於孩子克服自負心理。

在良好的人際交往關係中，寬容大度是很重要的特質。可以這樣說，但凡能與同學、朋友相處融洽的孩子，必定是豁達開朗的人；但凡胸懷大志，目光極遠的人，必定是胸襟開闊，氣度宏偉。

父母應教導孩子，不要總是拿自己的長處去對比別人的缺點，甚至挖苦、諷刺別人，而應相互鼓勵、共同進步，容許別人出現不足或失誤，那麼大家就可以友好相處了。

教育學家的建議裏，家長還可以讓孩子為同班的每一位同學寫出幾條優點，並對同學當面給予讚美。當孩子跳出狹隘的自我世界裡，自負心理也就會悄然隱遁。

三、讓自負的孩子嘗嘗失敗的滋味

家長不妨對自負的孩子提出更高要求，安排難度更高的任務，讓其遭受挫折，品嚐失敗，清楚地看到自己能力的不足，體驗需要別人指導和幫助的感覺。

四、別讓孩子拿自己的優點比別人的缺點

生活中我們發現孩子出現驕傲自大的壞習慣時，往往是孩子過高地估計了自己，認為自己比誰都強，只看到自己的長處，看不到自己的缺點，拿自己的優點比他人的缺點。因此，孩子會變得狂妄自大，想做什麼就做什麼，不會設身處地的替別人著想。

做為父母應耐心地教導孩子，讓孩子學會正確地評價自己，既認識到自己的優點，又能看到自己的不足。家長還需要規範孩子的行為，督促他們改正驕傲自大的壞毛病。

要讓孩子回歸理性，就要讓孩子對自己有個全面的認識，讓孩子瞭解自己的缺點和不足之處，對克服自負心理大有幫助。

別讓讚美淹沒了孩子

教育學家認為，孩子的自負，大多是受到了過多、過高的讚美，這使他們只看到了自己的優點，卻看不到自己的缺點，因此一些信奉賞識教育的家長要注意了，不要無限度地、片面地讚美孩子，偶而也要給孩子降降溫，太多的讚美會讓孩子得意忘形的。

我們來看一看德國教育家卡爾．威特的教育方法：

一天，卡爾．威特帶著他的兒子到一個朋友家參加聚會，而此時，他的兒子已經因為他的超常智力被廣為傳誦。一位擅長數學的客人抱著懷疑的態度想考考小威特。

卡爾．威特答應了，但他要求那位客人不管小威特答得怎樣，都不可以過分地讚美自己的兒子。

因為老威特認為，自己的兒子受到的讚賞已經太多了，他很擔心過分的讚美會滋長孩子驕傲的心理。

這位客人一連給小威特出了三道數學題，但小威特的聰明越來越使他感到不可思議。

每一題小威特都能用兩種以上不同的方法去完成。此時，客人已不由自主地開始讚美小威特了，老威特趕緊轉移話題，這樣客人才想起了兩人的約定。

但是，客人出的題目越來越難，並最終走到他也難以駕馭的程度。

客人非常興奮，又拿出更難的題目來「難為」小威特：「你再想想看如何解開這道題目，這道題目是一位著名的數學家想了三天才好不容易做出來的。我不敢保證你能解得出來。」

那道題目是一個農夫想把一塊地分給三個兒子，分法是要把它分成三等份，而且每個部分要與整塊地形相似，這確實是一道很難的題目。

當他對小威特說完題目後，客人就拉著老威特走到走廊上，安慰他說：「別擔心，你兒子再聰明，那道題目也很難做出來，我是為了讓你兒子知道世界上還有這樣難的題目才給他出的。」

可是，沒過半小時，就聽小威特喊道：「做出來了。」

「不可能。」客人說著就走了過去。

但事實不得不讓客人讚不絕口，地說：「真是天才，那麼你已勝過大數學家了！」

老威特連忙接過話說：「您過獎了，由於這半年來兒子在學校裏聽數學課，所以對數學很有心得。」

客人這才領會到老威特的意圖，點著頭說：「是的，是的。」

不要認為卡爾·威特對孩子太嚴苛，事實上他是非常贊同賞識教育的。只不過他認為，讚美不可過多過高，過多的讚美會讓孩子產生錯覺，認為自己比任何人都要出色，將來他們就會無法承受挫折和批評。

卡爾·威特給父母們的忠告是：我們不能讓孩子在受責備的環境中成長，但是也不能讓他們整天泡在讚美的聲音裏。

卡爾·威特是這樣說的，也是這樣做的，即使小威特的成績非常好，他也只是說到「做的不錯」的程度，從不讚美過頭。

只有當小威特取得特別大的成就時，父親才抱著親吻他，但這是不常有的。

因此，在小威特的心目中，父親的親吻對他來說是非常可貴的讚美。透過這種不同程度的表達方式，老威特讓小威特深深懂得獲得讚美的不易，也因此更加努力的學習，而不是沉浸在讚美聲中得意忘形。

《傷仲詠》據專家們研究發現，不是經過早期教育而是靠天賦產生的神童，只不過是一種病態的暫時現象。

這樣的神童，往往容易夭折。一些潛力很好的孩子之所以沒能如願地成為人才，正是源於孩子的驕傲自滿、狂妄自大。世上再沒有比驕傲自大更可怕的了，驕傲自大會毀掉英才和天才。

我們可以看看卡爾．威特寫給兒子的一段話：

知識能博得人們的讚賞，善行能得到上帝的讚譽。

世上沒有學問的人是很多的，由於他們自己沒知識，所以一見到有知識的人就格外讚賞。

然而人們的讚賞是反覆無常的，既容易得到也容易失去；而上帝的讚賞是由於你積累了善行才得到的，得之不易，因而是永恆的。所以不要把人們的讚美放在心上。

喜歡聽人讚美的人必然得忍受別人的中傷。被人中傷而悲觀的人固然愚蠢，稍受讚美就忘乎所以的人更是愚蠢的。

除此之外，他還不厭其煩地告誡自己的兒子：

一個人無論怎樣聰明，怎樣通曉事理，都不應該驕傲自負，因為他所擁有的知識與奧祕無窮的大自然相比，只不過是九牛之一毛，滄海之一粟。

威特就是用這種方式來教育兒子，防止他驕傲自滿的，儘管這樣做要花很大的功夫，但他最終還是獲得了圓滿的結果。

卡爾．威特做的最好的，也正是現實中一些父母做的最差的一點，這些父母總認為自己的孩子是最聰明的，尤其是知道了賞識教育的重要性後，更是無限度地讚美孩子，比如：「孩子，你真是太聰明了！」「孩子，你的作文寫的真棒！比你爸爸現在寫的還要好。」等對孩子濫加讚美。

然而當讚美之詞成為極為常見的日常用語時，讚美的意義也會隨之遜色。過於氾濫的讚美如同甜得過分的糖果，吃多了，就會讓孩子生膩。

更糟糕的是，有些時候，孩子明明表現得不好，父母卻強加讚美他，更會給孩子造成心理壓力。

心理學家H．C．吉諾特研究發現：幼兒受到過分的讚美，但自己覺得並不值得讚美時，就會產生不安的情緒。

還有一些父母對孩子的讚美嚴懲失真，結果給孩子帶來了負面影響。瑞澤的愛好是繪畫，媽媽總是沒有原則地誇獎兒子的畫，比如總說：「你這幅畫畫的跟畢卡索差不多！」

可是當瑞澤把畫交給美術老師打分數時，老師卻只給了他四十分。瑞澤非常生氣：「老師，你為什麼只給我這麼低的分數，連媽媽都說我的畫跟畢卡索的畫差不多！」

過高地評價孩子，是對賞識教育的濫用，這樣做不僅達不到鼓勵的正面作用，反而會使孩子過分地自負，不能正確地看待自己，不能謙虛上進。另外，過高地讚美孩子，還會使孩子對自身的認識產生偏差，他可能會因為父母寄予較高的希望，而更加地努力，但他又未必能達到，這樣父母原本想透過讚美給孩子建立的自信心，也會受到沉重的打擊。

過高的評價，會影響孩子的自我印象和評價，所以，父母讚美孩子的時候要掌握分寸，把握語言的技巧，以免造成反效果。

對於孩子的讚美要就事論事，而讚美優點的同時也要適當的潑點冷水——提醒孩子改正缺點，這樣做一方面可以促使孩子進步，另一方面又可以防止因過分的順利而變的自負。

「潑冷水」不等於打擊孩子

當孩子表現得太過驕傲自負時，家長要給孩子潑點冷水降降「溫」，但這並不等於粗暴地打擊孩子，否則就是從一個極端走向了另一個極端。

哈利的爸爸是一個心理學教授，從哈利二歲開始，就一直表現出超乎常人的才華，他比同齡的孩子更聰明，認識更多的詞彙。

然而，這個孩子的不幸，正是由他的聰明引起的。小孩子總是很容易驕傲的，哈利也不例外。當他做對了數學題目或是讀了一本好書後，總是想找人分享自己的快樂。然而正是這一點，引起了父親的不滿。因為哈利的父親個性內向，不愛在別人面前表現自己。正如他自己所說，一個人應該謙虛穩重，不要總是那麼的自以為是、自滿自負。

「哈利，你又在嚷嚷什麼？」一天教授對著正在大笑的哈利問道。

「爸爸，我又讀完了一本好書。」哈利高興地對父親說。

「讀完一本書是很平常的事，你用不著那麼高興。」教授說道。

「可是，這本書是莎士比亞的作品呀！我居然能把這麼難懂的書讀完，真是感到興奮。」哈利說道，似乎正在等待著父親對他的讚美。

或許是由於哈利的性格與他不同，或許是他認為應該糾正兒子的驕傲心態，教授突然發怒：「你吵吵嚷嚷的幹什麼？你以為只有你才有這個本事嗎？我看你就是個驕傲自大的孩子。告訴你，我永遠不會讚美像你這樣的壞孩子。」

「爸爸，我做錯了什麼？」受到了責罵的哈利委屈地說道。

「你做錯了什麼還需要問我嗎？我警告你，不要成天嘰嘰喳喳的，這讓人煩透了。」教授繼續訓斥兒子，「你不要以為自己是個了不起的天才。我告訴你，你什麼都不是。我以後再也不想聽到你那種炫耀自己的聲音了。你是個笨蛋，你是在自欺欺人。」

教授說完，「砰」地一聲關上了房門。

站在門外的哈利委屈地哭了起來，他不明白父親為什麼要這樣對待他。一種很不好的感覺湧上了心頭，他的快樂和自信被另外一種東西所取代：我是個很糟糕的孩子。

從那次以後，哈利不願意再去讀書了，他完全變成了另外一個人。這個原本極有才華的孩子最終一事無成。

看完了這個故事，我們不禁為哈利的不幸感到難過，他或許是一個有點驕傲的小孩子，但他那精通心理學的父親，就沒有比以粗暴打擊孩子自尊心更好的辦法來教育孩子了嗎？

在一次教育研討會上，一位家長說：「打擊孩子也並非是一件壞事，對於那些自負的孩子，我們就得狠狠打擊他們一下，讓他們收斂，否則，孩子怎麼能成才呢？」

真的是這樣嗎？我們不妨來看看下面這個例子。

鈺玲是個聰明伶俐、討人喜愛的女孩。她爸爸是一家大公司的經理，媽媽是一名出色的律師。鈺玲從小就生活在這樣一個條件優渥的環境裏。在家裏，她是爸爸媽媽的掌上明珠，要什麼有什麼；在學校裏，她的成績優秀，是老師心目中的「模範生」。

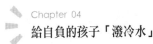

良好的家庭環境，父母的疼愛，老師的讚賞，再加上自己的天賦，使鈺玲產生了一種飄飄然的感覺，而且這種感覺一天比一天強烈——「我就是比別人優秀」，鈺玲總是這樣想，漸漸地，鈺玲變了，在家裏，她只要稍稍不順心就對爸爸媽媽發脾氣；在學校裏，鈺玲更愛表現和炫耀自己，取得好成績就自鳴得意、沾沾自喜，甚至不把老師的話放在心上；在生活中，她總是拿自己的優點和別人的缺點相比，認為自己高人一等，看不起別人。

這樣過了一段時間後，老師對鈺玲的自負開始感到擔心，於是她把這種情況反映給鈺玲的母親，並希望家長配合學校及早糾正鈺玲的不良心態。媽媽是個對各方面要求都很高的人，她認為必須給鈺玲一個印象深刻教訓，讓她克服自負。終於有一次，媽媽逮到了機會：那次鈺玲沒考好，數學考了六十七分。

媽媽斜著眼睛看著羞愧的鈺玲，輕蔑地把試卷撕的粉碎，「這也叫分數嗎？你不是認為自己比誰都優秀嗎？怎麼就考這麼一點分數！告訴你，你實在沒什麼了不起的，考得好一點尾巴就翹起來了，丟人不丟人啊！你等著同學看你笑話吧！看你平常驕傲成什麼樣子！」

這麼直接了當的責罵讓鈺玲簡直崩潰了，她不知道慈愛的媽媽為什麼要罵她，只是聽懂得了兩個字：驕傲。從那次以後，鈺玲再也不在同學、老師面前得意了，事實上她完全變成了一個自卑膽小的孩子。

這就是母親無情打擊造成的惡果，對於鈺玲的驕傲自負，母親本來可以用更溫和一些的方式來糾正它，這樣也不至於給孩子帶來心理上的傷害。

孩子，在智力還沒有充分發展，閱歷還很淺薄，沒有獨立的思考能力時，往往完全靠大人的評斷來認識自己。大人生氣之下脫口而出的一句話，常常是很偏激的，而且心情平靜下來以後早就把氣話的內容忘記了。

但是孩子卻聽得很認真，記得很清楚。他忽然之間發現自己在他人眼中是那樣的不堪，心中突然十分沮喪，稚嫩的心靈難以承受那致命的打擊，從此便以心灰意冷的態度來選擇悲觀的生活方式。

本來完全可能有錦繡前程的人，在少年時代就凋謝了，這份打擊真是太殘酷了。不少孩子後來成績不好，工作生活能力差，精神委靡不振，該成才而未成才，大都跟他們的童心曾經遭受過的深刻痛苦有關。

這只是一個極端的例子，但不可否認的是，在現實生活中，父母蔑視孩子的事例數不勝數，雖然父母們做這些事的時候並沒有意識到。

但要注意，我們所說的潑冷水，決不等於對孩子的心靈施壓，這兩種方法在本質上是有很大差別的，家長們千萬不要走向極端。

放縱孩子的自負不是一個明智的做法，但無情地打擊孩子也決不可取。在潑孩子冷水時，家長們一定要把握好準則切勿過猶不及。

Chapter 05

讓孩子在「頑皮」中開發潛能

有些父母總是抱怨自己的孩子「太頑皮」是「破壞狂」，
其實這類的孩子往往很聰明，求知欲和好奇心都比較強，
意志力也比一般孩子來得堅定。
因此，聰明的家長要試著「縱容」孩子的頑皮和「破壞」行為，
並借機挖掘潛能，培養興趣，
說不定你的孩子就是另一個「愛迪生」。

別怕孩子搞「破壞」

幫孩子新買的電動車，被孩子拆得七零八落；爸爸旅遊時帶回的工藝小木船，也被孩子給「分解」成一塊塊碎片……這幾乎是每位家長都會遇到的情況，那麼家長們在這種情況下常會有什麼反應呢？大聲斥責，耐心勸導？

不，我們給家長的建議是您何妨縱容孩子一次，滿足孩子的好奇心，讓孩子在「搞破壞」中提高創造力，不也是一件好事嗎？

希爾是個生活刻板嚴謹的人，做事情總是規規矩矩。但這麼一個講究紀律的人，卻有一個最調皮搗蛋的兒子布魯克林。

布魯克林是個九歲的孩子，成天都在不停地動，不知疲倦地摔碎器皿，弄壞東西，惹是生非。他與他的父親在個性上是兩個極端，因此兩父子之間的戰爭一天之中不知要發生多少次。

有一次，布魯克林把舅舅送給他的望遠鏡拆開了，想看看裡面究竟藏了些什麼，這自然會招致他父親的憤怒。

不過拆東西可算是布魯克林最大的愛好了，凡是讓他感到好奇的東西，都逃不過被拆的命運，當然因此他也挨父母不少的責罵。

可是無論父親怎麼打罵，他的這個毛病始終改不了。

還有一次，布魯克林竟然把一個懷錶給拆開了，要知道這個懷錶是布魯克林死去的爺爺留下來的遺物，有七十多年的歷史。希爾一直十分珍惜，總是帶在懷裡，從不離身。不久前他說懷錶好像有點故障，必須拿去修理，哪知還沒來得及修，就被他這個調皮的兒子給翻了出來。現在這懷錶被大卸八塊，零件散落了一地。

希爾立即暴跳如雷，一耳光將兒子打得坐在地上，而且還準備再衝上去打他一頓。

然而妻子卻攔住了他：「請不要打了，你這樣打孩子太過分了。」

希爾火冒三丈地說：「這是他應得的！你看他把我的錶弄成什麼樣子。」

「布魯克林是弄壞了錶，但是你認為一個懷錶比自己的兒子更重要嗎？」

這時，布魯克林抽抽咽咽地辯解說：「我沒弄壞懷錶……我只想幫你把他修理好……」

妻子在一旁氣憤地說道：「不管布魯克林是修錶還是拆錶，你都不應該打他，恐怕又一個『愛迪生』就這樣被你給打死了。」

希爾愣了一下，問道：「我不懂你這話是什麼意思。」

「孩子拆開懷錶，他也只是想知道懷錶裡到底有什麼，這是一種好奇心，這是有求知欲和想像力的表現，也是一種創造力。如果你是一個明智的父親，就不應該打孩子，而應該理解孩子，要給孩子提供從小就能夠動手做的機會。」

妻子的話給希爾很大的啟示，當天晚上他帶著懷錶零件來到兒子的房間，很真誠地向兒子道了歉之後，主動提出和兒子一起修理懷錶。小布魯克林原諒了父親，並答應和父親一起修理。

在這個過程中，希爾才發現兒子原來如此的聰明，手指也非常靈巧，他記得零件應該放在什麼位置，甚至還能說出一些零件在懷錶中所使用到的作用。

研究人員發現，手指活動靈巧的孩子，腦部的思維活動往往非常活躍。在手工活動中，孩子進行的拆裝、粘接、裝配等一系列動作，都要透過聽、視、觸等感覺系統傳入大腦的運動區，再由大腦的運動區發出指令，不斷地調整手的動作，這樣反覆刺激，能使腦細胞的功能變得更加靈活，思考能力得以提高。因此，孩子在他們感興趣的手工活動中，能夠充分得到智能的發展。

遺憾的是很多父母在不知不覺中，總是以種種理由抑制了孩子這一好奇心驅使下的美好天性。

也許父母有他們的理由，比如希爾就認為，孩子拆壞了一只具有紀念意義的懷錶，所以該受到懲罰。

問題是孩子並不是存心要把手錶弄壞，只不過是出於好奇，想知道懷錶哪兒出了毛病。對於這種想法，家長難道不該鼓勵嗎？

手巧的孩子心思也較細緻，家長不但不應責怪孩子，甚至要找一只舊錶讓孩子去拆拆看，「縱容」孩子的破壞欲。可惜很少有父母能夠這樣做！

我們要充分的瞭解到讓孩子靈活運用雙手的好處，為孩子提供更多的機會、條件，讓孩子的雙手充分地活動起來。

運用縱容計就不要怕麻煩，認為孩子做手工工作要擺放材料、工具，弄得家裡淩亂不堪；也不要怕孩子弄髒衣服，弄髒了手。父母不妨為孩子提供專用的衣服、擦手的抹布。

至於孩子使用剪刀、針等工具，父母一開始可以指導孩子使用，以後再逐步讓孩子獨立使用。

這樣既可以避免孩子初次使用時，對東西的浪費和破壞，也能達到訓練孩子心、眼、手的協調性和靈活性的目的。實際上，在一些「破壞活動」中只要注意培養孩子的一些好習慣，許多問題都可解決好。父母千萬不要因小失大，使孩子失去訓練自己的機會。

猶太人玻爾是著名的物理學家，在他三歲的時候，就是一個求知欲旺盛的孩子，他會向父親提出很多有趣的問題。有一次在父親的鼓勵下，他把一輛出了問題的腳踏車拆了。

當時，他拆的速度非常快，卻不知怎麼樣組回去。他急得手腳直冒汗，家裡人也為他擔心，但父親卻對玻爾說：「爸爸相信你一定能組裝好，再回憶一下你拆的過程。」

在爸爸的鼓勵下，玻爾靜下心來，透過不斷的摸索，最後終於把腳踏車重新組裝完成。在以後的工作與學習中，無論遇到多大的困難，玻爾都一直充滿信心，勇往直前，最後終於獲得了成功。

一般說來，孩子的動手能力，常常有以下兩種類型，只要父母加以正確的引導、指導，以及鼓勵、關懷甚至於積極參與到孩子的動手活動之中，孩子從中獲得的效益將是無限的。

孩子的「科學型」實驗。比如，常見的用放大鏡做聚光實驗，透過聚焦原理把陽光聚在紙上的某一點使紙片燃燒，這對年齡較小的孩子會產生一種神奇的吸引力，對國小三年級以上的孩子可以引發學習自然常識的興趣，鞏固所學知識的作用，如果在實驗過程中，再增加一塊平面鏡和凹透鏡，那麼還能透過三種不同性質的鏡片做比較，進一步認識只有放大鏡才有聚光作用。

做這一實驗時，還可以透過提問或孩子自己的想法，做幾次各式各樣的嘗試，比如在地面上試，在不同的高度上試，在早上八九點時的太陽下試，在正中午的太陽下試等等。這樣不僅激發了孩子的學習興趣，而且又增強了孩子的觀察能力、比較能力與綜合能力。

另一種是孩子的「技術型」實驗。

例如拆開一些玩具，或者舊的手錶、半導體收音機等。這一類實驗的關鍵是要鼓勵孩子能夠大膽拆裝，要一件件按次序拆裝，並把那些零件所放的位置等看清記牢；讓孩子在瞭解內部結構之後，再重新組裝起來。

達到要求後，父母可提供新的材料供孩子拆裝。這類實驗不僅能培養孩子觀察細心、思維縝密等智力品質，而且還能發展孩子的動手操作能力。

不僅要縱容孩子搞「破壞」，還要鼓勵孩子把破壞掉的東西復原，這樣才能使孩子動手的信心得到加強，有利於孩子創造力的發展。

讓孩子在頑皮中增長智慧

孩子頑皮是最讓父母心煩的，他們精力旺盛，不停地惹事生非，給父母帶來了無盡的麻煩。

對於這樣的孩子，一般家長的教育策略就是：嚴加管教，然而這樣做效果並不好。

有的孩子越管越「皮」，處處和父母作對，無法無天地搗蛋；有的孩子被家長管的老老實實，對什麼都沒興趣，家長讓他做什麼就做什麼，失去了自己的個性。

其實對頑皮孩子的最佳管教方式是：在約束中縱容。縱容孩子的頑皮，但要注意引導孩子向好的方面發展，讓孩子在頑皮中學到東西。

有這樣一個故事：有一個孩子非常頑皮，好在他有一個開明的母親，從來不會嚴厲地壓抑他的天性。

有一天上課中，一名女學生突然發出一聲驚叫：「有蛇！」

全班頓時驚惶失措，一片呼叫聲。一些學生爬上了桌子，還有一些往教室外逃，年輕的女教師也慌了手腳。

這個孩子卻鎮定地趴在桌子底下，伸出手來一把抓住蜥蜴，往一個小紙盒裡一塞，然後放進書包，若無其事地坐到位置上，班導師把他叫到辦公室狠狠地罵了一頓，並找來孩子的母親。

其他老師也都反應：這個孩子是個頑皮搗蛋鬼既貪玩又時常捉弄女同學，而且成績也不好，希望家長多配合學校對他進行導正教育。

母親把孩子帶回家，但並沒有教訓他。

因為她知道就事情的表面隨便下結論，不分青紅皂白的訓斥批評，是教育孩子的大忌。沈默了一會兒後，她心平氣和地問兒子：「為什麼要抓蜥蜴，不怕它咬嗎？」

兒子說：「它沒有毒，不會咬人。」

「是嗎?你怎麼知道的？」

「書上說的。」

「你什麼時候抓到的？」

「四五天前。」

「這麼久了，你餵什麼給它吃？」

「我沒有餵它。書上說，蜥蜴餓過頭，就會吃掉自己的尾巴，我想試一試，看看是不是真的。但它至今還沒有吃掉尾巴。」

母親笑著拍了拍兒子的肩膀，鼓勵他繼續把實驗做下去，並告訴他如何做好觀察記錄，同時向他指出：不該將蜥蜴帶到學校。

兩個星期後，兒了興奮地告訴母親：「蜥蜴的尾巴不見了。母子一起剖開蜥蜴，並在蜥蜴的肚子裡找到了尾巴。」

孩子高興得不得了。正在這時，全縣要舉行自然科學實驗競賽。母親就鼓勵孩子把蜥蜴實驗的記錄，寫成一篇觀察報告，結果這篇報告獲得了實驗競賽的第二名。

那天放學後，孩子把獎盃端端正正地捧在胸前，在同學羨慕的眼光裡走出校門。

後來，同學們選他擔任自然活動組的小組長，又成為班上的自然小老師。這個故事告訴了我們一個道理：頑皮的孩子並不是一無可取，只要父母管教得當，孩子就會大有可為。

歐美很多國家對孩子教育的研究顯示，頑皮的孩子往往最具有堅強的意志力，而且通常都很聰明。

事實上，有時候孩子的頑皮行為就是他具有開拓精神與創造力的一種表現。所以，父母應避免過分壓抑孩子的反抗心理，盡量順勢而為，開發「頑皮鬼」的聰明潛力。

一天，母親有事要出去，臨走前，她交代六歲的兒子照顧好正在睡覺的妹妹。

母親走後，小男孩覺得很無聊，就開始在家裡東翻西翻，結果在抽屜中發現了幾瓶彩色墨水，他很好奇，忍不住打開瓶子。看到妹妹還在熟睡，於是，小男孩開始在地板上畫起了妹妹的肖像。結果家裡到處都是墨水的污漬，家裡變得髒亂不堪。

這時母親回來，色彩淩亂的墨水污漬充斥在她的眼前，但是她也發現了地板上的那張畫像——準確地說是一片亂七八糟的墨漬。

她沒有為雪白的牆壁、新鋪的橡木地板而朝兒子大喊大叫，而是驚喜地說道：「啊，那是你妹妹。」然後她彎下腰來親吻了她的兒子。

這個男孩就是班傑明．威斯特，後來成了一位著名的畫家，他常常驕傲地對人說：「是母親的親吻使我成了畫家。」

沒有母親對班傑明的縱容，也就沒有班傑明後來的成就。因此，家長對孩子的頑皮不必太過苛責，而是應當換個角度來看待孩子的淘氣行為，不要只注意孩子因頑皮犯錯而造成了多大的損失，而是讓孩子在犯錯後受到啟發，那麼這個錯誤就錯的有價值了。

為了有效的開發頑皮孩子的潛能，為了讓孩子從錯誤中成長，專家提出了以下的建議：

一、引導孩子改過

接納孩子已犯的錯誤，注重事後的引導，是十分重要的，並給予孩子改過的機會，使其從改過的過程中領悟出道理；否則，反正父母是不再給自己機會，也不再對自己存有希望，那還用改過嗎？進步的效果也就達不到了。

「縱容」孩子頑皮，並不等於對他們的過錯不聞不問，否則，亦達不到啟發孩子的效果。

所以，給予孩子正確的解釋，讓他們知道犯錯的原因何在，請孩子想想避免或改過的方法，並從中學習。

二、不要隨便責罵孩子

責備孩子前，先站在孩子的立場設想一下，想想他們的能力、感覺。例如孩子吃飯時打破了飯碗。「飯碗太大了，你的小手不夠大吧？」「所以，吃飯時最好不要東張西望或看電視。」孩子也會因此而覺得父母是在替自己設想，不是完全在責怪自己，孩子會發自內心的去自我反省，不再存心推卸，並盡力避免下次再犯。

三、幫孩子分擔一部分責任

替孩子分擔一小部分責任，減輕他們的心理負擔，亦有助於他們反省。在孩子年齡較小時，不應給予太多責備，目的只在於給他們認錯及思考、吸取教訓的機會。

「縱容」孩子的頑皮，關鍵在於如何引導孩子，讓孩子在頑皮中有所得，若一味的縱容孩子而不加以引導，那就是溺愛孩子了。

孩子貪玩不是病

孩子貪玩是一個令父母感到頭痛的問題。其實，父母們應該知道，玩是孩子的一種天性，是他們對周圍世界感到好奇的行為表現，事實上，很多孩子往往是在玩耍中學到知識，加深對世界萬物的認識的。

哈佛大學著名的兒童心理學專家組成的「發現天才孩子培育計畫」課題組，在對世界各地近三千名十歲以下孩子進行追蹤調查後發現，在被認為是聰明過人的孩子裡，百分之八十七都有「強烈的貪玩之心」。

因此不要把你的孩子限定在你規定的「範圍」裡，讓你的孩子開懷地玩耍吧！也許你也會得到一個玩出來的好孩子。

哈利從小就是個特別貪玩的孩子。每天放學後，哈利不是拿著他自製的「捕蟲器」到田野裡捉昆蟲，就是帶著其他幾個孩子拿著一個放大鏡到田裡，觀察農作物的葉子。

有一段時間，父母對哈利貪玩的行為十分惱怒，還多次沒收了哈利的一些玩耍工具。但這並不能阻止孩子的貪玩，哈利總是有很多的「鬼點子」，今天玩耍的工具被沒收了，明天他又能做出另一個玩耍的工具。老師說哈利夠聰明，只是沒有把主要精力用在課業上，所以成績平平。爸爸、媽媽更是著急，不知道究竟要怎麼辦才好！

小學畢業，哈利的成績並不出色，後來在一所普通中學就讀，他的成績也只是「中等偏上」而已。

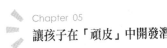

但哈利製作航空模型的技術卻是出了名的，他製作的航空模型不但在學校獲了獎，而且還參加過州比賽。二〇〇二年，哈利還是一名國三的學生，那一年在老師的指導下，由他設計的「SK-2」型航空模型獲得了全國大獎……

教育學家認為：對於孩子來說，玩是學習，遊戲是學習，學習本身也是學習。事實上，我們也很難找到一個不喜歡玩的孩子！父母之所以害怕孩子玩，是怕孩子玩得太過火了，因此限制孩子玩。

另外，一些孩子學習成績不理想，這可能是由於他們心理上存在一些障礙，有一些生活習慣上的錯誤舉止、行為，等等。當父母的不去尋找真正的原因，不分青紅皂白，就拿棍子打在孩子的身上。於是在不知不覺之中抹殺了孩子的創造力。

塞德茲的兒子非常貪玩，但塞德茲並不為此而煩惱，他認為孩子在玩耍中也會有所得。有一天，塞德茲送兒子幾塊眼鏡鏡片，有近視鏡片，也有老花鏡片。

小塞德茲對新奇的事物一向感興趣，他把鏡片架在自己的眼睛上玩，沒過一會兒就大叫眼花，只好把鏡片舉到離眼睛較遠的地方，才能看清楚鏡片後的東西。塞德茲任他玩耍，不去管他。

當他一隻手拿著近視鏡片，一隻手拿著老花鏡片，一前一後地向遠處看時，他突然尖叫起來，原來他發現遠處禮拜堂的尖塔突然來到了他的眼前。他高興地大叫：「快來看啊，爸爸，禮拜堂的尖塔就在這裡！」從此，他發現了望遠鏡的原理，並親手製作了他的第一架望遠鏡。

在玩耍中，小塞德茲製作出了自己的第一架望遠鏡，孩子就是在玩耍中認識世界的，阻止他們玩耍，就是阻礙他們的智力發展。

玩並不是阻礙孩子進步的障礙，只要父母引導得法，方式恰當，孩子的「貪玩」正是引導孩子進步的階梯。

為了引導孩子玩得得法，為了不讓縱容孩子貪玩的行為出現偏差，我們建議由家長充當孩子的「玩伴」。

一個懂得教育孩子、會培養孩子的父母，理應把陪孩子玩，當成親子教育中最重要的一環。讓孩子充當「玩」的主角，感受玩的樂趣，在玩中加深對世界的認識，這才是我們的任務。

在與孩子玩的過程中，父母可結合「玩」的內容，培養、引導孩子對事物的興趣。比如，捉蜻蜓後，引導孩子觀察蜻蜓的外形，看看它們各有什麼特徵，有什麼相同和不同的地方，再把它們與其他種類的昆蟲比一比，讓孩子對自然界的各種小生物發生興趣。

陪孩子玩，也是引導孩子開闊視野，開拓思維的最佳途徑。比如，父母發現孩子喜歡玩玩具汽車，在陪玩中就可向孩子介紹不同種類的汽車，以後再帶孩子去參觀汽車展覽會，擴大孩子的眼界，孩子會有興趣去瞭解各式各樣的汽車，在現實生活中經常和孩子一起觀察汽車，讓孩子獲得更多的知識，啟發孩子的求知欲望。

同時，玩也是培養孩子良好品德的有效方法。父母在陪孩子玩的過程中，可以針對各種情況進行品德的培養。

如帶孩子去公園，要教育孩子愛護花木，爬山時不怕苦，不怕累，跌倒了要勇敢爬起來，不要破壞公物等。帶孩子去看電影，就應跟孩子一起做個守秩序的觀眾，不大聲喧嘩，不亂丟果皮紙屑，等等。

為了幫助家長們更有效的引導貪玩的孩子，我們建議家長在這三個方面多下功夫：

一、觀察孩子的喜好

對於貪玩的孩子，父母應該多留意細心觀察孩子愛玩什麼，怎麼玩……。分析這樣玩對孩子的身心健康是否有益，是否妨礙和傷害到其他人的利益，是否對社會環境產生不良的影響等。千萬不要不分青紅皂白，就對貪玩的孩子主觀地橫加干預。

二、引導孩子去玩

貪玩的孩子他們的興趣與愛好往往十分廣泛，聰明的父母不應該限制孩子去玩，而是要把孩子的愛好引向更科學、合理，有助於身心健康的方面。孩子如果愛好廣泛又比較貪玩，他們往往玩起來認真投入，不能自制。父母應該怎樣做呢？我們不妨看看下面這個例子：

小宇喜歡踢足球，放學後就在樓下的小巷子裡踢。儘管場地狹小，仍然玩得汗流浹背，還曾踢破過人家的玻璃。後來父母分析，孩子喜歡踢足球是件好事，他在體育課中的長跑項目沒有很好的成績，而踢足球卻是訓練長跑的好機會。

於是父母阻止了孩子在樓下踢球，並在週末帶他到學校的操場上去踢，這下子孩子玩得更盡興了，這樣做的結果既保住了孩子的興趣，又彌補了體育課中孩子的弱項。

三、幫孩子合理的安排玩的時間

孩子的興趣廣泛，又得不到合理的安排，往往在玩的時候投入過多的精力，佔用過長的時間，沒有節制地玩而造成「貪玩」的現象。

改變孩子貪玩的現象，應該是父母幫助孩子合理地安排和選擇「玩什麼」，「怎麼玩」和「什麼時間玩」，使孩子能夠在「玩」中受益。如父母不妨訓練他的騎車、游泳等基本技能。還可以經常帶他們去郊遊，爬山，參觀博物館等。

孩子在「玩」的過程中不僅能開闊眼界，同時也能增長知識。因此家長應當鼓勵孩子去玩，不要把孩子的一舉一動都限制在框框裡。

Chapter 06

幫孩子克服驕奢之氣

現在孩子都是家　的「小皇帝」、「小公主」，
要風得風，要雨得雨。
一些孩子就養成了驕奢的習慣，
錢花得闊氣，不知愛惜物品，
這種習慣對孩子的健康成長是極為不利的，
因此家長應義正嚴詞地教育孩子節儉的美德，
幫孩子養成勤儉節約的好習慣，這才是真正的愛孩子。

零用錢裡有學問

現在的父母似乎越來越喜歡用零用錢來表達自己對孩子的愛，於是孩子的零用錢越來越多。

這些錢來得容易，孩子花的也就大方，不經思索的呼朋引伴，吃吃喝喝，把父母辛苦賺來的血汗錢給揮霍掉。

教育學家的疑問是，孩子現在養成了揮霍無度的花錢習慣，等將來他們長大後發現，賺錢並不像想像中的那麼容易，該怎麼辦呢？做「月光族」嗎？做「啃老族」嗎？

因此，父母們應從現在開始就培養孩子勤儉節約的好習慣，這樣孩子長大後才懂得照顧自己。

這是一個小學四年級的孩子，在某一個星期天的生活記錄：

早上九點二十分起床，匆匆吃過早餐後，就約了三個同學一起去網咖玩，中午的午餐是在麥當勞裏解決的，這個孩子點了二百九十九元的餐點和朋友們一同享受。

午飯過後，幾個孩子又去逛了逛體育用品專櫃，他又給自己買了一顆二百五十元的藍球，而事實上他已經有兩個藍球了，同時又買了兩雙一百五十元一雙的運動襪。

下午三點鐘，他們又在網咖裏玩了一會兒遊戲，然後幾個孩子各自搭車回家了。一個小學四年級的孩子，一天的花費竟然高達八百多元。

教育學家不停地在向社會呼籲：再富也不能富孩子！然而我們面對的現實卻是，孩子手裏大都拿著來自父母和親戚給的零用錢，口袋裏裝著幾十元、幾百元，甚至上千元！

而且家長又不教孩子怎樣使用零用錢，於是孩子們就開始任意揮霍：去KTV、PUB，甚至抽煙，這些學生雖屬少數，但用錢觀念的影響已經嚴重地腐蝕了他們的靈魂。

一個小學三年級的孩子說：「我媽媽一天給我一百元，除中午吃飯之外，剩下的錢買零食。」一天一百元，一個月就三千元！孩子的浪費現象和鄙視節儉的作風由此可見！

從對孩子的教育上來看，這其實是一個勤勞儉樸的問題。從某一點上來講，也暴露了我們對孩子的勤儉教育做得相當不夠。

其實，在一些發達的國家，父母給孩子零用錢也是一件極其普遍的事，因為零用錢是承認和滿足孩子的合理經濟需求，對於每個小孩的生活和教育有著重要影響，但他們同時也強調要培養孩子的節儉意識，教孩子合理的使用零用錢，利用零用錢來培養孩子的責任心和自理能力。

美國億萬富翁洛克菲勒，對孩子的零用錢如何發放和如何使用的問題就極其重視。

他每週六給孩子發放下周的零用錢。自孩子七歲開始，每週發放三角，並給孩子配有一本小小記事本，要求孩子把每週零用錢的出入賬都記錄得清清楚楚，還要能夠說出錢為什麼這樣花。

在下一次發放零用錢的時候，孩子們要一一報賬，家長滿意的就可能多得到一些。每個孩子都試圖把自己的錢用得更合理些，也就學會了節儉。

所以，在家庭教育中，家長如何給孩子零用錢，如何指導孩子使用零用錢，也就不能看做是一件無足輕重的小事。因為這不僅關係到培養孩子正確的消費觀念，同時也是讓孩子學會對自己的行為負責，培養其責任心和自立能力的一個途徑。

由此看來，家長怎樣給孩子零用錢，孩子怎樣使用零用錢，這對孩子的成長絕不是一件小事。

洛克菲勒給孩子們的零用錢很少，如果他們感到手頭很緊，就鼓勵他們自力更生。要積極認真地對待孩子零用錢問題。培養提高孩子的消費意識和能力，建立正確的生活方式，提高家庭教育的品質。

一些家長在給孩子零用錢時往往存在著迷思，比如有些家長把零用錢用在對孩子的獎懲，比如在孩子課業上得到好成績時就給獎金，如考試成績好給十元獎勵金，作業寫得好給五元獎勵金等等……這就把鼓勵的方向搞錯了。

因為把課業讀好是學生的責任，沒有必要額外再給獎金。更不應該把分數與錢數規定出比例，得一百分給一百元，得六十分給六十元等等，這樣就誤導了孩子的學習目的，成了為錢而學習。

同時，這些孩子在拿到他們的獎金後，往往就大肆揮霍，如果家長干預，孩子就會說：「不是獎勵給我的嗎？不讓我花，獎勵還有什麼意義？」

因此，家長要讓孩子合理使用零用錢，首先是要預算好孩子的零用錢。一是金額要適當，金額要根據家庭經濟狀況和孩子的合理需要統籌考慮。一般以夠支付孩子合理的開支為限，不宜多給，也不宜少給。

二是時間要適宜。零用錢可以選在一個有紀念意義的日子開始給，如小孩上學的第一天等，告訴孩子這筆錢的用處，並使他懂得自己在家庭中的地位和責任，之後可以定期發給。

勤儉的第一步是合理地給孩子零用錢，接下來的第二步就是教孩子如何運用零用錢。

還是以洛克菲勒教子為例，他每週給孩子們三角錢的零用金，要求他們既要花，又要儲蓄，還要施捨。

每個孩子在領到零用金的同時，還會領到一個小帳本。洛克菲勒要求他們在這本子上面記載每一分錢的用途和時間，每項開支都要有理由。

等到週末檢查時，發現誰漏記一筆賬，就得罰五分錢，記錄無誤的便可得到五分錢的獎金。

洛克菲勒對自己做法的解釋是：「我要他們懂得金錢的價值，不要糟蹋它，不要亂花亂用，要把錢花在有用的地方。」

這就是在告訴我們，給了孩子零用錢就是要教會孩子如何運用這筆錢，告訴孩子這筆錢可以用在什麼方面和最好用在哪些方面，使零用錢用得其所，發揮它的最佳效益。

勤儉的第三步就是父母要結合對孩子使用零用錢的教育，培養孩子的初步自我管理錢財的能力。傑克．法里斯是美國最大的企業組織——全國獨立商行聯合會的董事長兼總經理。法里斯一直認為自己的成功得益於父親對自己的教導。

在法里斯十三歲的時候，父親就要求他要學會合理的安排打工的收入所得，父親幫他制訂了一個儲蓄計畫：法里斯收入的百分之十，用於救濟窮人；百分之二十作為他給父母的贍養費，而父母賺的錢則用作他以後的大學學費；還有百分之二十是法里斯自己的儲蓄；剩下的百分之五十收入由他自行支配。這樣，法里斯在父親的嚴格監督下，從小就養成了勤勞、節儉的好習慣。

零用錢對大人來說雖然不多，但對孩子來說可能是一筆可觀的財富，因此教育孩子運用零用錢的同時，也要趁機培養孩子的理財能力，教會孩子有計劃、有選擇性地花錢。

並教育孩子要成為金錢的主人，而不是金錢的奴隸。

作為父母，要對孩子的金錢進行管理，培養孩子的節約觀念，鍛鍊孩子的理財能力，讓孩子從小就養成勤儉的習慣，這樣，孩子將受益終身。

不能讓孩子只知舒服的生活

現在經濟條件越來越好了，於是家長們可能覺得自己小時候吃了不少苦，現在有經濟能力了，就一定要讓孩子生活的舒舒服服，然而，這種想法是很危險的，如果孩子只知道花錢，不懂得節約，更不懂得靠自己的能力去賺錢，那麼這樣的孩子長大後，恐怕很難取得什麼成就。

人人都說東東是生活在溫室裏的花朵，他的爸爸是某紡織廠老闆，媽媽是個醫生，家裏有別墅、汽車、傭人，從小東東要什麼就有什麼，爸爸媽媽都覺得自己就這麼一個孩子，家裏經濟條件又好，千萬不能委屈了孩子。

東東八歲的時候，有一天，爸爸開玩笑地問他：「東東，你吃最好的，穿最好的，你的錢哪來的呀！」「爸爸媽媽給的呀！」「那你可要好好讀書喔！將來找個好工作，賺錢養爸媽！」

東東卻眨眨眼睛，一撇嘴說：「你不是說我們家很有錢嗎？那就一起花，我長大了就去旅遊，自己買玩具，還要天天玩！」

爸爸有點不高興了：「你要當米蟲啊！我又不能養你一輩子，反正長大了就得自己出去工作賺錢！」

東東轉身就跑出去玩了，爸爸的話根本就沒聽進耳朵裏去。

東東六歲時，已經成了班上的小財主，花錢如流水，可是爸爸媽媽卻認為現在的孩子都是這樣，反正家裏有錢。

有一天，小學老師向他的爸爸媽媽反應說，同學們寫作文描述自己的理想，有的要當科學家，有的要當飛行員，還有的要當工人……只有東東寫著他要當闊少爺，每天吃、喝、玩。

這下子爸爸媽媽可著急了，東東為什麼會這麼「墮落」呢？

這個問題，東東的父母恐怕要先問問自己，因為正是他們的嬌慣，讓東東只知道舒服的花錢，卻不知道賺錢的辛苦。而驕奢就會使人失去進取心，只懂得享受，不懂得奮鬥。

我們不妨來看看富豪們是怎樣對他們的孩子勵行勤儉訓練的：小洛克菲勒

是世界上第一個擁有十億美元的富翁。儘管他富甲天下，但他從不因此放任孩子們。

俗語說：「富到窮，三代中。」

小洛克菲勒意識到：富家子弟之所以渾渾噩噩，是因為他們不必為賺錢餬口發愁，為職業事業拼搏；終日錦衣玉食，腐敗墮落，到頭來碌碌無為，一事無成。

因此，他只給孩子很少的零用錢，讓他們經常處於經濟壓力之下，讓他們重視節儉，並希望他們靠自己的雙手去賺錢。

孩子們都學會了靠自己的勞力賺錢，如拍死一百隻蒼蠅，可得一角，捉住一隻老鼠得五分錢，背柴火、劈柴火或鋤地、拔草都能賺到錢。

三兒子勞倫斯七歲、二兒子納爾遜九歲時，取得了擦全家皮鞋的特許權：清晨六時起床就開始擦皮鞋，擦皮鞋每雙五分，長統靴每雙一角。

有一年，男孩們開墾了一個菜園，他們種的蘿蔔、南瓜等獲得豐收。小洛克菲勒便按市場的價格向六歲的四兒子溫思洛普買他種的黃瓜。而其他的孩子則把他們的產品用孩子車推到市場上，賣給當地的食品雜貨店。

這些勞力工作使孩子養成了節儉的好習慣，他們絕不會像一般的富家子弟那樣揮霍錢財，因為他們的每一分錢都是辛苦賺來的。

小洛克菲勒甚至親自教男孩子們自己縫補衣服，正因為有了這種的訓練，半個世紀後的一九六八年，二兒子納爾遜的一件小事曾令美國人大開眼界：那時，納爾遜正在競選美國總統，一天他坐在競選飛機上，碰巧他的褲子後縫裂開了。這位家財億萬的總統候選人，竟不慌不忙地從自己的旅行袋中取出針線包；自己動手將褲子縫好。

小洛克菲勒對子女們嚴格的節儉教育，使子女們養成了很好的習慣，他的五個兒子個個事業有成。

而香港富商李嘉誠的兒子，同樣生活的不那麼舒服。李嘉誠的孩子李澤楷在美國讀中學，畢業後考入美國史丹佛大學學電腦工程。讀書期間，李嘉誠沒給他任何經濟資助，他一直靠打零工、做服務生賺零用錢。

他曾經在高爾夫球場做撿球桿弟，一做三年，每逢節慶假日，就背著裝滿高爾夫球棒的大皮袋在寬闊的球場上跑得汗流浹背。

富豪子弟住高樓，坐名車，出入豪華場合的生活與他無緣。而這樣的生活經歷也讓他養成了勤儉節約的習慣，他盡可能地存錢，並把每一分錢都花在刀口上。

大學畢業後，李澤楷自謀職業，在多倫多最大的投資銀行哥頓資本有限公司當工人。兩年半後，李嘉誠才把他召回香港。

當然，讓現在的孩子去做這些工作來賺取零用錢，可能不太實際，而我們舉這兩個例子，也只是為了向家長們說明這樣一個道理：有錢也不能讓孩子太「富裕」，讓孩子只知花錢卻不知人間疾苦就是在害孩子。

因為一些權威的教育學家已經提出了這樣的問題：「一個沒有儉僕習慣的孩子，一個只知道舒舒服服地享受生活的孩子，長大後他可能熱愛自己的工作嗎？」

在這些專家眼裏，儉樸與勤勞是密切相關的。很難想像一個不愛惜東西、不珍惜金錢的人會熱愛自己的工作。

因此，家長們在生活中，應該要有意識地培養孩子節儉的習慣。比如要求孩子承擔一定的家務工作，而零用錢就按他完成任務的品質好壞來適量給予，如果家庭富裕的話，就要讓孩子知道錢並不是自己從天下掉下來的，每一塊錢裏面都凝結著父母的辛勞，因此，一定要珍惜父母的辛勞成果，逐步克服驕奢之氣。

「成由勤儉，敗由奢。」一為了孩子的將來，父母不能只顧讓孩子現在生活的舒服，而應該注意培養孩子勤儉的美德，這才是孩子一生最寶貴的財富。

不要一味的滿足孩子的要求

一些父母認為，現在生活條件好了，沒道理讓孩子受委屈，怎麼也不能比別人的孩子差。在這種心態下，父母對孩子幾乎是有求必應，孩子要什麼就買什麼，於是一些孩子拼命追求物質享受，吃的、穿的、用的都是最好的，同時對自己的東西又不珍惜。

孩子一旦養成了嬌生慣養出手闊氣的壞習慣就很難改正，而一個滿身驕奢之氣的孩子也是很難有什麼作為的。

勤勞儉樸是中華民族的傳美德。可是看看我們今天的孩子，他們的文具用品不斷更新，書包要好幾百元甚至是幾千元的，更離譜的是一個書包價位高達二萬元，鉛筆盒的花樣也不斷翻新，少則幾十元一個，多則甚至上千元。孩子用的鋼筆、鉛筆、原子筆都要名牌進口的，互相攀比……此外，隨意丟棄文具用品的現象也很普遍。

在一些學校，每年撿到的橡皮、原子筆等文具不下幾百件，而且無人認領，問到學生時，不少孩子會這樣說：「這些東西多的是，掉了再買新的，找它幹什麼，我爸媽又不缺這些錢！」

現在的孩子很少懂得勤儉節約的道理，甚至有些孩子的父母也覺得自己又不是養不起孩子，沒必要苛待孩子，滿足孩子的物質要求是家長應負的責任，這有什麼錯？沒必要大驚小怪的。

抱這種想法的家長不妨看看下面的這個例子：

有一對夫婦，丈夫在公家機關上班，妻子則自己開了間小診所，生意還不錯。他們有寬敞的房子，有穩定的收入，也可以算得上是高收入的家庭。夫妻倆最大的心願就是把他們的兒子培養成才，給孩子過八歲生日時，他們就發誓要給孩子最好的一切，讓孩子生活的無憂無慮。

於是他們對孩子有求必應，孩子的衣服、鞋子都是世界名牌，孩子要買什麼，他們幾乎無不答應的。

有時候他們也覺得，孩子的開銷是有點太「大」了，但馬上又安慰自己說

「現在的孩子都是這樣。」

過了幾年，兒子該上高中了，為了孩子能接受更好的教育，他們把孩子送到北部的私立貴族學校，每年的學費就要幾十萬，再加上生活費，一年讀下來要花上好幾十萬。

這讓他們覺得有點吃緊了，因為他們還要為孩子準備讀大學和出國留學的錢，於是他們決定縮減孩子的生活費。可是孩子根本不能理解他們的苦心，孩子三番兩次地打電話要錢：「拜託！這是台北，每個月一萬元哪夠用啊！」

在與父母吵了一架後，孩子扔下一句「隨你們的便！」就掛上了電話。

兩個月後，這對夫婦接到孩子學校打來的電話，他們的孩子偷了同學的錢被抓了個正著。他們立刻趕到台北，還沒等爸爸開口說話，孩子就冷冷地說了一句：「誰叫你們不給我錢花。」

這位父親面對自己教出來的兒子，已經不知道該說什麼了。

根據調查統計顯示，目前青少年犯罪率呈現上升的趨勢，不少學生從小嬌生慣養，沾染上了花錢如流水的壞習慣，以至於到了經濟拮据、無以為繼時，從小小的順手牽羊開始，逐步淪為罪犯。這些事例足以使我們深思！

教育學家告誡父母們：不要一味的滿足孩子的每一個願望和要求。只要是孩子看到的和喜愛的東西，當父母的無條件地給孩子去買，這種做法是極其錯誤的。

父母們應當教育孩子不能只想到他自己，還應該想到別人，至少應當想到家庭中的成員。這一點看起來很簡單，卻常為許多父母所忽視。

不少當父母的人，總是設法滿足孩子，生怕孩子不高興，孩子要什麼就給什麼。不但自己主動地讓了自己應有的一份，還要求家庭中的其他成員也都讓出應有的一份給孩子。這樣的父母，往往沒有想到孩子的要求是無盡的。

你今天滿足了他這個要求，他覺得有求必應，於是明天又提出新的要求。這樣做無意中縱容了孩子，培養了孩子的利己主義思想。

時間長了，不但養成了孩子不尊重別人和不尊重長輩的壞習慣，而且，在達不到目的或願望得不到滿足時，他們還可能由失望轉變為消沉。

我們應當努力培養孩子的儉樸精神，為此希望我們的父母，不要給孩子購買過多奢華的文具用品。生活富裕後，改善孩子的學習環境、生活條件本是無可厚非，但絕不可忽視對孩子進行必要的勤儉教育。

父母們應當知道，勤儉與富裕之間絕不是互相否定的悖論，儘管我們的生活富裕了，但勤儉的美德卻不可丟！

另外，當父母的以身作則，勵行勤儉，也是讓孩子學習的勤儉的好榜樣。在童年的柴契爾夫人眼裏，父親羅伯茲是個極其吝嗇的人。

有一次，十一歲的柴契爾夫人求父親給自己買輛腳踏車騎著玩，父親卻拒絕了，他的商店生意很好，家裏也很富裕，但他認為女兒還沒上中學，不需要腳踏車代步，不是非花不可的錢，一分也不花。

羅伯茲經常對女兒講自己是如何勤儉節約的，他說起自己年輕時找到的第一個工作每週只能賺十四個先令，其中十二個先令交給房東，其餘兩個，他自己只用一個，存起一個。

羅伯茲在家裏也是精打細算，省吃儉用，但他對外人卻很慷慨，他經常把食物與金錢送給窮人。他對女兒說：「考慮問題的出發點是能否給人實際的幫助。不要像有些人那樣，認為從床上爬起來到市場抗議一下，就是幫助了窮人。重要的是你用你微薄的收入做了些什麼？」這些教育，使柴契爾夫人養成了節儉的好習慣。

節儉是一種美德，家長們都應當義正嚴詞地教育孩子節儉，讓孩子懂得不是要買什麼就能買什麼，衣、食、住、行等各方面都不能奢侈，只有這樣，才是在為孩子做長遠的打算。

不能一味的滿足孩子的物質要求，教導孩子不要盲目地跟別人攀比，因為不管怎樣，都有人比他更好，或比他更壞。

Kids are
meant to play
Love

Chapter 07

用激將法
讓孩子主動求知

教育孩子要找對方式，當勸導、說教都不奏效時，
家長們不妨試試這招激將法。
利用孩子的好勝心、叛逆心甚至是嫉妒心態故意來刺激孩子，
讓他們由被動學習變成積極學習。

利用叛逆心理治厭學

一些家長常為了孩子的叛逆心理而頭疼不已，他們總是要和家長做對，越不讓他們做的事情越要做。其實，這種叛逆心理也不完全是壞事。比如，家長如果利用孩子的這種叛逆心理治厭學，便會收到神奇的效果。

據說清代大將年羹堯就是中了「激將法」，才由搗蛋頑童成長為一代名將的，年羹堯十三歲時，仍然大字不識一個，整天只知道玩耍。他父親年遐齡官做得很大，頗有勢力，請來不少名儒教子。但兒子太頑皮搗蛋了，就是不肯讀書。

老師對他客氣了，他不聽；對他嚴厲一點，他就想出種種刁鑽古怪的方法來對付，把老師捉弄得狼狽不堪。所以請來一個，氣走一個。最後，年遐齡乾脆不給他請老師了。

一天，府中忽然來了一位先生，自薦願教年公子。來的這位先生，看上去有七十多歲年紀，他對年遐齡說：「如果大人肯相信我，按照我的要求去做，三年之後，貴公子就會脫胎換骨。」

按照老先生的要求，一座花園在一個偏僻的鄉村建造起來了。樓閣中堆滿各類書籍，經史子集，無所不備；廳堂上排滿各式兵器，刀槍劍戟，一應俱全。花園的圍牆上開了個小洞，供一日三餐，送飯遞水之用。園中只住教書先生與年羹堯一老一小兩人，此外沒有一僕一婢。

這位老先生教書的方式確與眾不同，整天只管自己讀書，對年羹堯不聞不問，連話都不跟他說一句。而年羹堯呢，覺得這正合自己的胃口，老師不管他，正可以率性而為，高興做什麼都行。

於是挖池塘，填溝壑，移栽花木，全憑著自己的興趣，天天忙得不亦樂乎，玩得痛快淋漓。不過，這樣的遊戲一再重複，漸漸地他也玩膩了。

一天午後，老師正在讀書。年羹堯站在老師旁邊，站了大半天，老師竟然一無所覺。年羹堯覺得十分納悶，自己連這麼大的花園都玩膩了，老師的書怎麼讀不膩？而且越讀越有精神，這是什麼道理？

年羹堯便忍不住脫口問道：「老師每天讀書，一點也不覺厭煩，難道書本真的這樣有趣嗎？」

老先生隨口答應道：「味道極好，不是你能知道的，快去玩吧！不要來糾纏我。」說完，老師又低頭自顧讀起書來。

這下年羹堯可不高興了，賴在老師身邊不肯走，一定要看書。老先生看到年羹堯被他給「激」出興趣來了，暗暗高興，但又故意說：「好吧，那我就教你吧！不過咱們說好了，不想學時就趕快說一聲，我還有那麼多書要讀呢！」

年羹堯想了一下，「不，我要讀就要讀到學問比你還好才行！」老先生於是先取來經史典籍，每天與他講習；又取來兵書陣圖與他分析。早晚之間，便教他舞劍使槍，傳授武藝，年羹堯天性聰穎，一經專心，學無不精。

三年後，年遐齡見兒子英氣俊爽，舉止有禮，不再像從前那調皮搗蛋。與他談及學問，文韜武略，識見竟然在自己之上。他的歡喜之情，溢於言表。這才相信老先生所言果然不假。後來，年羹堯果然成了清朝一代名將，安邦定國，開拓邊疆，建立了不朽的功業。

不管這個故事是真是假，我們都能從中學到一個教育子女的竅門：對於難管的孩子，我們不妨利用他的叛逆心理去刺激他，比如你希望孩子去學習，但偏偏不許他去做，孩子為了「反抗」，就一定會乖乖地掉進你的「圈套」裏。

在這個故事裏，那麼多老師苦口婆心，嚴詞教誨都沒能使年羹堯改掉頑劣的性格，但老先生的一句「快去玩吧！不要糾纏我。」就輕輕鬆鬆地讓他改變態度，潛心向學，看來激將法真是妙用無窮。

叛逆心理在心智尚未成熟，年紀較小的孩子身上表現得更為明顯，如果父母善於利用孩子的叛逆心理，則可對他們的學習發揮更大的作用。

對於孩子來說，反抗就是反抗，根本不需要有什麼道理，這就是孩子的心理模式。

然而，父母們平時都不停的要求孩子「好好學習」。那麼，結果如何呢？非但孩子的厭學情緒絲毫沒有得到改善，可能還會激發孩子的叛逆心理。

在治療孩子厭學症的時候，這種叛逆心理卻非常有用。試試看把平時高舉的「好好學習」標語改換成「不許學習」，甚至可以故意刺激孩子，「既然你不喜歡上學，那就不要去上學算了」。那麼，孩子一會會說「為什麼呀？我偏要去上學給你看」，於是他可能主動積極地到學校上學努力學習。

下面舉出兩種利用孩子叛逆心理的方法，父母不妨一試。

一、學習計畫開始前，先讓孩子遠離學習

日本有一家鞋業公司經常研製出新穎美觀的鞋子。這是因為他們有一項半強制性的規定：在偏遠地區工作三年的員工可休假兩個星期，但在休假期間不許思考任何與工作有關的問題。據說休假的員工大約過了一個星期之後就會特別想工作。

事實上，公司老闆的用意也正是在這裏。讓員工們在這種解渴狀態下重新接觸工作，從而產生出更多更新鮮的創意。

在對孩子開始做學習計畫的時候，讓孩子在一段時間內完全遠離書本，也是一個好辦法。剛開始的時候，孩子多半會很輕鬆愜意地玩耍，但不久他們就會感到不安，同時對學習的饑渴欲求越來越強烈，甚至會自己主動提出來要學習，這時再允許他們學習。由於對知識如饑似渴，孩子一定會非常認真，把全部精力投入到學習當中。

二、用「不許你上學」代替「不然就送你上學」

運用叛逆心理刺激孩子，對越小的孩子越有效。知道了這一點後，父母在孩子年幼的時候就可以運用此計來激發孩子對學的渴望。

昊天四歲了，他是個淘氣的男孩子，幾乎沒有一天不惹禍，媽媽為了教訓他，就常對他說：「昊天，你要是再敢淘氣，媽媽就送你去上學，讓老師管你，看你怎麼辦！」

昊天五歲時，父母決定將孩子送去幼稚園，沒想到昊天說什麼也不肯去，哭得滿地打滾，爸爸媽媽只好把孩子帶回家。這時他們開始反省自己的行為，認為是自己的言行給孩子帶來了負面影響，並決定改變策略。

這一次，爸爸媽媽在路上看見上學的小朋友時就故意大聲說：「你看！這個小朋友一定是又聽話、又聰明的，因為他在學校裏可以學到那麼多東西！」

昊天再不聽話的時候，媽媽就會說：「好吧！你儘管不聽話好了，媽媽一定不許你上學！」這樣經過一段時間後，昊天開始纏著爸爸媽媽買書包，一定要去上學。

如果你的孩子不願意去上學的話，那麼不妨用這個方法試試，當你說「不許你上學」時，孩子就一定會把上學看成是一件非常神氣的事，而一定要去做，這條對策對於治年幼孩子的厭學來說，是非常有效的。

利用叛逆心理治厭學時，應該掌握好尺度，如果太過激烈可能會使孩子灰心喪氣，因此具體運用時，不能操之過急。

巧妙激發出孩子的好勝心

俗話說「請將不如激將」，這是什麼道理呢？心理學上講，每個人都有自尊心，但有時自尊會受到壓抑，這時你故意刺激他，使他的自尊心解放出來，就會形成一種好勝心理，這也被稱為人的心理代償功能。

激將法就巧妙地運用了人的這種心理特點，而把這個對策，運用到孩子身上去，也同樣有效。

愛因斯坦有一個叔叔叫雅各，是一個工程師，也是一個數學愛好者。愛因斯坦小的時候成績不好，但卻愛問叔叔一些奇奇怪怪的問題，叔叔總是耐心地為他解答。

到了讀中學時，愛因斯坦對數學產生了濃厚的興趣，數學成為他中學時代最大的課餘愛好。而叔叔雅各就經常關心愛因斯坦數學方面的學習。

有一天叔叔和愛因斯坦聊天，談到了代數。「究竟什麼叫代數？」愛因斯坦問叔叔。

叔叔解釋道：「代數很簡單呀，凡是不知道的東西，都把它叫做X，然後我們一步步地來找X，一直要到找到X為止，只有找到X，我們的題目才算算出來了。」

從此以後，愛因斯坦常常聽叔叔講趣味數學題，因此他對這種藏有X的趣味數學題目開始著了迷，他一放學就一個人在自己的桌子上又寫又算。

有一天，叔叔在紙上畫了一個直角三角形，在各個角頂處標上了符號A、B、C，並寫出AB2+BC2等於AC2這樣一個公式，然後嚴肅地對愛因斯坦說：「這就是大名鼎鼎的畢達哥拉斯定理，阿伯特，你在數學方面有天賦，你也來試試吧！畢達哥拉斯在兩千多年前就會證明了。難道兩千多年後的阿伯特，就不能證明出來？」

那時愛因斯坦還未學習過幾何課程，十二歲的他對幾何一無所知。但愛因斯坦自尊心強，而且生性好強，尤其在科學的探討上從不肯認輸，有一股鑽研的蠻勁。

他被叔叔的一席話激發了。他想：「畢達哥拉斯兩千多年前就會證明了，難道我阿伯特・愛因斯坦就不會做？我又算什麼呢？」強烈的好勝心驅使著他，他下定決心試一試。

他每天苦苦思索，努力尋找證明的方法，第一周過去了，第二周也過去了，還是沒有任何結果。愛因斯坦並不氣餒，他繼續反覆琢磨和思考，終於在第三周自己把這個定理證明出來了。

愛因斯坦的叔叔雅各在引導愛因斯坦做幾何題，證明畢達哥拉斯定理時巧妙地運用了激將法，他那句「難道兩千多年後的阿伯特就不能證明出來。」這句話故意刺激愛因斯坦的自尊心，極富挑戰。

他激起了愛因斯坦的自尊心、好奇心和好勝心，於是十二歲的愛因斯坦雖然從未學習過幾何課程，但自尊心、好奇心、好強心驅使著他，他決心試一試，憑著他的天賦和一股不服輸的蠻勁，用了三個星期的苦苦思索，愛因斯坦終於把這個定理證明出來了。

由此可見，雅各在侄兒愛因斯坦身上運用激將法的教育方式是收到了很好的效果。

而激將法之所以能奏效，還在於人的體內的高級神經系統能敏感地反應外界刺激的功能，這種刺激還會引起身體內部物質的分泌，從而影響人的活動。如人生氣時食慾大減，高興時食慾大增。

要使用好激將法，除了以生理機能作基礎外，還要注意方法必須得當。首先，被刺激的孩子要有較強的自尊心。

比如《世說新語》中有一個故事，有一個叫周處的人，「凶強俠義，為鄉里所患」，許多親朋好友都勸他學好，可是他不聽。

不過他也有優點：具有超乎常人的俠義之氣，曾自告奮勇地上山打死了猛獸，下海殺死了蛟龍。

於是，有一個老人為了讓他改邪歸正，就故意激他說：鄉里人有三怕，怕猛獸、蛟龍，現在這兩怕都給你征服了，只剩下「一怕」了。周處問：「哪一怕？」老人坦然地告訴他說：「就怕你周處橫行霸道啊！」周處聽後，劈手自擊，發誓要把這一「害」征服。

從此，他痛改前非，最後成為眾口稱讚的好青年。周處劣根性很多，但自尊心很強，老人在這裏直言說他也是「一害」，用了「激將法」調動了他的自尊心，起到了平時規勸起不到的作用。

但是，如果被激的孩子自尊心不強，你用「激將法」激他，也不會有什麼作用。

其次，要考慮孩子的實際能力。有的孩子雖然有一定的自尊心，但天賦平平，縱使你的激將法用得再巧妙，也難以調動他的積極性，就是把積極性調動起來了，也難以達到理想效果，有時反而適得其反。

有個孩子在校學業成績很差，他父親對他說「這次考試你要是進不了前十名，就別進這個家門，我也就打算不要你這個兒子。」

因為這個學生基礎太差，考試後仍有幾科成績不及格，這個孩子便不敢再進家門，竟投河自殺了。

這樣的後果完全是由於這位家長不考慮孩子的實際能力，而一味刺激孩子，結果把自己的兒子給「激」死了。

最後，激發孩子要把握好「分寸」。因為激將法所使用的言辭都是比較激烈的，所以，在使用這個方法時應建立在知己知彼的基礎上，建立在孩子能承受「刺激」並轉化為「精神能源」的基礎上，如果失去了這一基礎，就難以如願以償。

另外，還要注意掌握「激」的分寸，「激」不到一定程度，則引發不起「奮」，但如果「激」過了頭，又會適得其反。

適度刺激孩子的自尊心，就很容易激起孩子的好勝心，讓孩子潛在的積極性得到表現，以收到出奇制勝的功效。

積極轉化孩子的嫉妒心理

每個孩子或多或少都會有嫉妒心，嫉妒心表現在孩子身上是非常自然的，但如果家長對孩子的嫉妒心理不及時控制、轉化，那麼這種嫉妒情緒就會越來越強，直到影響孩子的人格發展。

期中考試，燕妮的考試總成績得了全班第一名。平常和燕妮十分要好的洋洋，考試總成績卻排到了全班的第七名。

「上一次數學測驗，我還比她多七分呢！」洋洋回到家裏頗不服氣地跟媽媽說。

「但是，人家的數學成績這一次比你高九分，而且總成績還比你高了許多呢！再說你這次考試，英語成績考得很是不理想，剛好六十分及格。燕妮的英語成績是九十七分，這一下子就把你甩到後面去了……」

媽媽想幫助洋洋分析考試失分的原因。

「哼，有什麼了不起的！不就是死勁的背單字嗎？像她那樣死記硬背，誰都能考得好。」洋洋帶著輕蔑的口吻說。

「是啊，你是夠聰明，但就是不花功夫嘛！如果你能像燕妮那樣牢牢地記住每個英語單字，說不定這一次的第一名就是你了！」

「哼，我就不信她期末考試還是第一名！」洋洋對媽媽說。

受嫉妒心左右的孩子，往往很難協調自己與他人的關係。輕者，會因為經常的嫉妒反應情緒逐漸演變為人格的一部分，從而容易受外界的刺激，產生一些不良情緒，既對自己的身心健康極為不利，也嚴重影響著自己的進步。

如果孩子的嫉妒心過於強烈，孩子的身心則會深陷於這樣或者那樣的缺點和缺陷之中不能自拔，如此一來，勢必犯下嚴重的錯誤，讓人悔之莫及！

嫉妒心比較強的孩子，往往表現在不願看到別人在任何時候、任何地方比自己強。當別人受寵時他無法忍受，更不願別人在自己面前讚美第三者，等等。

前面故事中的洋洋就是一個很好的例子。她明知自己的考試成績不如燕妮好，於是在媽媽面前詆毀燕妮。

明明是自己不努力學習英語，反而指責人家靠的是「死記硬背」的方法。從這個例子，我們可以發現，如果洋洋的嫉妒心理不能引起父母的足夠重視，而任由她深陷於嫉妒心理之中，那麼，她就可能難以自拔，久而久之，還會形成惡性循環。

現在她的嫉妒心只不過讓她在嘴上說幾句不服氣的話，但如果任其一直發展下去，恐怕就會難以收拾。一些性格激烈的孩子在嫉妒心的驅使下，甚至會做出一些不光彩的事。

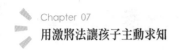

比如，有一位叫張元祺的同學，成績常排在全班第一。可是，每次臨近考試，他的筆記本和複習資料都會不翼而飛；更讓人氣憤的是，在一次期末考試開始前的一小時，他接到「母親車禍，速回家」的簡訊，可是當他滿頭大汗趕回家時，母親卻安然無恙地在家看電視，「車禍」純屬子虛烏有。

事後經查，這些事全都是同班的一個同學所為。這位同學的成績也不錯，但常常排在張元祺的後面，為此，他心中妒恨不已，於是採取種種惡劣的手段干擾張元祺的學習和情緒，希望自己能超過張元祺。

因此，父母們一旦發現自己的孩子嫉妒心過強，就應該及時採取措施，轉化孩子的嫉妒心理。

而最有效的方法，莫過於「激將法」。

比如：如果孩子嫉妒同學成績比自己好，或者某方面比自己強，父母不妨激孩子：「嫉妒別人的優點，就是承認自己不如人家；嫉妒別人是因為別人有超過你的地方。」

用這樣的方式，激勵孩子去學習別人的長處，而不是嫉妒別人所取得的成績，最終讓孩子明白「與其嫉妒他，不如迎頭趕上他、超過他。」

小宇背著書包氣呼呼地回到家裏，他的憤怒引起了父母的注意。

「怎麼了？小宇？」媽媽關心地湊了過來。

小宇生氣地一撇嘴「媽媽，還記得王浩嗎？」

「啊！不就是那個一千公尺跑第一的孩子嗎？」

「有什麼了不起！就是他，今天藍球隊選人時，他在一邊窮表現，結果他被錄取了，我卻被『刷』下來了！瞧他那樣，四肢發達，頭腦簡單！」

爸爸的臉沉了下來，在旁邊重重的哼了一聲，「這孩子，竟然還嫉妒人家！」

爸爸連一眼都沒再看小宇，轉身回房間了，小宇又愧又怕，滿臉通紅地坐在沙發上看著媽媽，他感覺到爸爸因為他說的話而有點瞧不起他，但他卻不知道為什麼。

媽媽也嚴肅了起來，「孩子，你知道嗎?你在嫉妒人家王浩，嫉妒他就證明你承認自己不如他，你爸爸當然要失望了!嫉妒又有什麼用，只會讓人家笑話！如果你不高興被他甩下了，那就努力練球啊！下次再選隊員時，再爭取進球隊不就行了！」小宇點點頭，拿著書包回房間去了。

那年秋天，小宇果然也被選進了籃球隊。

小宇在自己的日記本上寫了這樣一段話：我不要嫉妒別人，因為那就是承認我不如人。總會有人比我更好，我只能不斷地學習再學習。父母的激將法奏效了，小宇成功地把自己的嫉妒心，轉化為了學習的動力。

生活中，像小宇這樣的孩子可能還有不少，但卻不是每位家長都能像小宇的父母這樣成功轉化孩子的嫉妒心，有些家長說教，有些家長對這種情況置之不理，這都是錯誤的，家長們應抓住孩子表露嫉妒情緒的契機，利用激講法，喚起孩子的不服輸的精神，幫孩子徹底戰勝嫉妒情緒。

在運用激將法來刺激孩子，轉化孩子的嫉妒心理時，一定要多鼓勵少責備，這樣才能把嫉妒心轉變成促進孩子向上的動力。

Chapter 08

給孩子一個體驗失敗的機會

美國教育家卡樂爾‧桑德堡說：

「順境當然可以培養出人才，逆境也可以培養出人才。

而且在逆境中因為經過挫折和千錘百煉，

所以成長後的孩子就更具有生存的競爭力。」

也就是說為了增強孩子的耐挫力，

父母們不妨刻意地給孩子創造一些適度的挫折情境，

這種挫折教育對增強孩子的心理承受能力大有好處。

鼓勵孩子勇敢面對挫折

與國外的父母相比，我們的父母們顯得有點太過小心翼翼，他們給缺乏生活經驗的孩子準備好了一切事情，生怕孩子受到挫折。然而父母能一輩子這樣照顧孩子嗎？孩子在成長過程中總會碰到各式各樣的挫折，到那時這個脆弱的孩子又得如何自己度過難關呢？因此父母要鼓勵孩子，從小就要勇敢地面對挫折，讓他們成為生活中的強者。

在日本的一個村莊裡，有一對夫婦四十得子，因而對孩子寵愛有加，這使得在百般呵護中成長的兒子養成了一意孤行的脾性，他無論做什麼事都不太專心，就連走路也走不好，時常跌進水溝裡，常讓望子成龍的父母操心。

兒子七歲那年上了小學。可是他還是不能讓父母放心，因為他走路喜歡東張西望，不是弄濕了鞋子，就是弄髒了褲子，經常哭著回家。

一天，孩子的父親帶著一把圓鍬去兒子上學必經的田埂上，在上面斷斷續續地挖了近十道缺口，然後用木板搭成一座座小橋，只有小心走上去才能通過。那天放學，兒子走在田埂上，看到面前一下子多出了這麼多的小橋，非常驚慌，不知道該怎麼辦才好。是走過去，還是停下來哭？眼看著四下無人，哭也沒有人幫忙啊！最終他還是選擇了走過去。當背著書包的他搖搖晃晃地通過小橋時，雖然很害怕，但卻有種滿足感。他第一次沒有哭著回家。

回家以後，兒子跟爸爸講了今天走過一座座小橋的經歷，臉上滿是神氣。父親坐在一旁誇他勇敢。

但妻子卻對丈夫的舉止疑惑不解，丈夫解釋道：「道路太平坦了，他就會左顧右盼，當然會跌倒；坎坷的路途，他的雙眼必須緊盯著路，所以才能走得平穩。」

你猜到故事中的兒子是誰了嗎？他就是如今赫赫有名的「經營之神」松下幸之助。正是父親苦心挖斷松下幸之助順利前進的路，才培養了他面對困難、戰勝困難的勇氣和信心，也才有了他今天的成功。在日本，像松下幸之助父親這樣故意給孩子製造挫折的教育方式是很普遍的，他們認為只有讓孩子從小經歷一些挫折，日後他們才能獨立戰勝生活的中挫敗，從容地走向成功。

要知道人的抵抗力、免疫力是一步步增強的，從無菌室裡走出來的人，往往是脆弱的，他們抵抗不了細菌的襲擊。所以，家長應該對「太順」的孩子進行一些「挫折教育」，幫助孩子樹立堅強的信念，無論是順境或是逆途都能堅強面對。

而父母們首先要改變的是原來的教育態度，讓孩子走出大人的「保護傘」，不要怕孩子摔著、碰著、餓著、累著，孩子摔倒了鼓勵他自己爬起來，不能為孩子包辦一切，孩子的事情讓他自己做，自己能解決的問題，如要玩具自己去拿，衣服、褲子自己穿。在家庭生活中，要安排孩子做一些力所能及的事，切不可把孩子成長過程中的困難都解決掉，把他們前進的障礙清除得乾乾淨淨。現在我們再來看看發生在印度的一個故事：

甘地夫人是印度的政壇女強人，同時也是一位非常出色的女性。

身為領袖，她對印度有著傑出的貢獻，身為媽媽，她是孩子心目中最好的導師。

甘地夫人認為，在孩子的成長過程中，他們總會遇到各種不如意的事情。

教育的目的就是培養孩子健全的人格，使他們以後能夠從容不迫地適應生活中的各種變化。因此身為母親，她總是鼓勵孩子勇敢地接受挫折，堅強地面對一切挑戰。

甘地夫人非常寵愛她的兒子拉吉夫，在拉吉夫十二歲那年，他面對了人生中的第一次挫折——因病要做一次手術。面對緊張、恐懼的拉吉夫，醫生打算說一些「手術並不痛苦，手術後你立刻就會恢復健康」等善意的謊言來安慰孩子。可是，甘地夫人卻認為，孩子已經懂事了，應該讓他自己面對磨難，所以她阻止了醫生。

隨後，甘地夫人來到兒子床邊，平靜地告訴拉吉夫：「我的兒子，手術後你有幾天會相當痛苦，這種痛苦是誰也不能代替的，哭泣或喊叫都不能減輕痛苦，還可能會因此而引起頭痛，但是我相信，堅強的拉吉夫能夠勇敢地承受手術的痛苦；是不是？」

「是的，媽媽！」小拉吉夫勇敢地回應著媽媽的鼓勵。在手術後，拉吉夫沒有哭，也沒有叫痛，他堅強而勇敢地忍受了這一切。這個世界上存在著殘酷的競爭，我們就生活在這其中，孩子也會很快的感受到這一點。

適者才能生存不適者就會被淘汰，甘地夫人一定是感受到了這一點，才鼓勵孩子勇敢地面對挑戰的。然而對大多數父母來說：當孩子面對生活的種種挑戰時，袖手旁觀是不可能的。對孩子的愛和擔心，會使父母身不由己地去幫助孩子，自然而然地去保護他們，讓他們少犯錯誤，幫他們權衡利弊，以便作出較為理想的選擇，這可以說這是做父母的一種本能反應。

但也正是父母的這種本能過分的呵護，讓他們的孩子成為脆弱的青年，這是一件很可惜的事。

父母們應該認清這一點，當你替孩子解決麻煩的時候，也剝奪了孩子自己體驗成敗的機會，從而也縱容了孩子的依賴性，讓他們無法從生活中體驗戰勝挫折後的自信。

人在一生中將會遇到很多困難，父母不能永遠充當孩子的保護傘，因此，當孩子遇到困難不知所措時，家長應該鼓勵孩子勇敢的面對困難，讓孩子自己去想辦法，充分利用自己的智慧去解決問題，而不是父母親自動手為孩子掃平道路。

為人父母的只要用你的鼓勵，從小培養孩子面對挫折的意識和堅強地承受挫折的能力，方能有效地激發孩子生命的能量，使他們的自信心、創造力在危急與困難時刻可以發揮到極致，增長孩子競爭取勝的才能和駕馭生活的能力，而父母也會少了許多不必要的麻煩。

適度的挫折對孩子的健康成長是有益無害的，孩子面對挫折所表現出來的堅強和勇敢，正是他們日後走向成功的資本。因此父母不妨放開他的手，讓孩子自己去面對生活中的一些挫折。

把挫折當成教育的好機會

生活中，很多父母都擔心孩子會犯錯，其實他們不知道犯錯是孩子很好的學習機會，同時也是父母教育孩子的好機會。

讓孩子為自己的失敗、錯誤負責，讓他們自己從中得到教訓吸取經驗，這對孩子的成長是非常有好處的。

我們建議家長在教育孩子的過程中，不妨讓孩子受一點挫折，就是當孩子犯下了不會造成嚴重後果的錯誤行為時，家長不要急於去糾正，而應讓孩子自己承擔錯誤造成的後果，這樣孩子就能更深刻地認識到自己的錯誤，進而自覺地改正錯誤。

一位母親講過這樣一件事：有一天，我丈夫的美國朋友格林夫婦帶著他們兩歲的兒子盧克來家裡作客。格林夫人進門後，發現客廳裡鋪著地毯，就放心地把小盧克一個人放到沙發上，然後到餐桌邊和我們一起包餃子，倒是我有點不放心，一會兒看一下孩子在幹什麼。

過了一會兒，我突然發現小盧克爬到茶几旁邊，抓起一個包好的生餃子就往嘴裡塞。我大吃一驚想趕快阻止孩子，但格林夫人卻攔住了我，「讓他吃，這樣他才會知道生餃子不能吃！」

小盧克很快就皺著眉頭，把嘴裡的生餃子吐了出來，在接下來的四十分鐘裡，小盧克在沙發上爬上爬下，在地毯上滾來滾去，但再也沒去碰過塑膠板上的生餃子。

這位母親感慨地說，如果是在台灣，她會怎樣去處理這種情況呢？我想大概是和我一樣趕快跑過去拉住孩子，然後大聲告訴他生餃子不能吃，然後把生餃子端走，到頭來孩子也沒弄明白為什麼他不可以吃生餃子。

這就是教育方法不同造成的，人家奉行的是挫折教育，我們卻生怕孩子受一點挫折。

為人父母的們還要明白，不讓孩子承受挫折的一個害處是：孩子的心理會變得非常脆弱，無法承受一點打擊、挫折。

在德國曾發生過這樣一個故事：一家知名公司要招聘十名職員，經過嚴格的面試和筆試後，公司從三百多名應聘者當中選出了十位佼佼者。

放榜這天，一個叫弗蘭克的青年看見榜上沒有自己的名字，悲痛萬分，回到家中便跳河自殺，幸好醫生及時搶救，弗蘭克沒有死。

正當弗蘭克悲傷之時，卻從公司傳來好消息：弗蘭克的成績原是名列前茅的，只是由於電腦的錯誤，導致了弗蘭克的落選。弗蘭克欣喜若狂。

然而，這家公司卻再次拒絕了弗蘭克，他們的理由是：如此脆弱的心靈，何以擔當重任。

不過，現在一些比較開明的父母，都已經意識到挫折教育的好處，他們也試著對孩子放開手，讓他們從挫折、失敗中反省自己的錯誤，吸取經驗教訓。

十四歲的智淵是個非常聰明的孩子，從小到大成績都非常優秀，升上一所明星中學後，成績依然是全年級的前三名。大家都對智淵讚不絕口，但智淵的父親卻對兒子有一些擔心：兒子的一切實在太順利了！升上國二後，智淵在課業上有些鬆懈起來，他迷上了武俠小說，甚至把小說帶到學校，在課堂上偷看。爸爸很快就知道了這件事，於是，他找智淵談了一次話。

他告訴智淵應該學會為自己的行為負責任，從今以後，他不會再監督他的課業，以前是「只問耕耘，不問收穫」，但現在卻是「只問收穫，不問耕耘」。

智淵答應爸爸期中考試一定會考個好成績，但他很快就把自己的承諾拋到了腦後，每天沉迷於武俠小說的世界裡。媽媽主張嚴厲的管教智淵，但爸爸卻不同意，他認為智淵應當為自己的行為負責，他應該受到一個教訓。

期中考的成績下來了，智淵由前三名跌落到了全年級的第四十七名，這對智淵來說是前所未有的失敗，他本以為憑著自己的聰明，他可以永遠名列前茅的。

爸爸又找羞愧的兒子談了一次話，「智淵，你知道自己為什麼會考試失利嗎？」

「知道，因為我這段時間不夠努力！」

「是的，你不夠努力，這是主因。但我還要讓你知道『山外有山，人外有人』，沒有什麼人是常勝將軍，即使你再聰明也有人比你強，為了不被人甩得太遠，你只有拼命努力、拼命追趕。當你鬆懈的時候，你就要提醒自己，有很多人正在努力的追趕著自己呢！」

聽了爸爸的話，智淵終於鬆了口氣，但他還是有點難過：「爸爸，可是不管怎麼說，我還是失敗了！我都不知道該怎麼面對同學和老師了！」

爸爸有點得意地笑了起來：「智淵，這也不錯啊！你應該這麼想，這只是人生道路上的一次小失利，以後比這嚴重的挫折還有呢！如果現在就覺得承受不了，那以後該怎麼辦呢！」

這下智淵是真的輕鬆起來，他覺得自己像扔掉了一個包袱一樣，那年期末考試，智淵又一次進入了全年級的前三名。

爸爸對智淵的這次教育是非常成功的，透過這次的挫折，智淵增強了對挫折的心理耐受力，同時又從挫折中學到了很多東西。

生活中，父母們往往不瞭解挫折教育對孩子的重要性，總是全力幫孩子避開可能遇到的各種挫折，他們不知道自己因此錯過了一次又一次教育孩子的好機會，這實在是一件很可惜的事。

孩子們還有很長的路要走，做父母的都希望他們能幸福健康地生活，但這並不意味著家長就要無微不至地保護孩子，讓孩子經歷點挫折並不是件壞事，這會讓他們擁有強健有力的精神支柱、健康的心理，以及戰勝困難的毅力與決心，這樣的孩子成長起來，自然會比在父母無微不至關懷下成長起來的孩子要有能力和幸福的多，父母對他們愛的意義也會更加的深遠。

不要擔心孩子遇到挫折，聰明的父母應當適時的啟發孩子，給孩子一些考驗，並協助他們在失敗與挫折中找到邁向成功方法。

不要低估孩子的耐受力

很多家長對挫折教育都抱著半信半疑的態度，他們擔心孩子無法承受挫折的打擊，因此寧可小心翼翼地這地呵護孩子。然而家長們能守護到幾時呢？在現實生活中，幾乎找不到一個沒遇到過挫折的人，而且常常是受挫折越多的人越成功。

因此父母千萬不要低估了孩子的耐受力，適當地讓孩子承受一些挫折，孩子會變得更堅強。

班納特已經八歲了，但還不能很好地照顧自己，上學時還經常忘記帶午飯。這樣一來，擔心兒子挨餓的媽媽只好在百忙之中，抽出時間來為兒子送午飯。

媽媽並不想一直這樣做，她曾幾次提醒班納特，但他老是記不住。後來，媽媽去請教一位學教育的朋友，這位朋友給了她一個建議，那就是當孩子犯錯屢教不改時，父母可以暫時不要去管他，讓孩子自己嘗嘗錯誤的苦果。

媽媽以前也曾想過這個辦法，但總是害怕班納特會餓壞了，因此一直沒有這麼做過，不過這一次她決定試一試。

回家以後，媽媽把班納特叫到跟前，鄭重其事地對他說：「班納特，你已經上小學了，有些事情應該不用媽媽操心了。以後要記得帶午飯。因為媽媽每天都很忙，不可能經常幫你送午飯。今後，媽媽不會再到學校給你送飯去了，如果你再忘記帶飯，那就只好餓肚子。」

班納特點了點頭。但是，這一計畫開始實施的時候，卻不是那麼順利，因為看到班納特沒帶午飯，他的老師就借錢給班納特，讓他自己去買吃的。

為此，媽媽又來到了老師的辦公室，說出了自己的想法。老師贊同她的做法，答應不再借錢給他買午飯，讓班納特自己去解決這個問題。

不久後的一天，班納特又沒有帶午飯，他去向老師借錢。老師看了看他，說：「很抱歉，班納特，我答應了你媽媽不再借錢給你，這個問題你必須自己解決。」

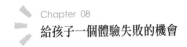

班納特給媽媽打電話，讓她送午飯過來。但是媽媽提醒他要遵守他們之間的約定，並沒有答應他的要求。最後，班納特向同學借了一個三明治，但他還是被饑餓折磨了一個下午。

他因此體驗到了不帶午飯會給自己帶來什麼樣的後果。從那次以後，媽媽發現，班納特再也沒有忘記帶午飯了。

我們常常看到一些父母在孩子受到挫折和失敗的時候，大聲譴責、恐嚇，這樣做能有什麼收穫呢？也許，這些父母的出發點是好的，他們害怕孩子再犯同樣的錯誤，因此以「強硬的姿態」去糾正孩子的錯誤。

但這樣做可能會產生反作用——孩子害怕受責備而不敢冒險，從而失去學習新知識、掌握新技巧的熱情與膽量；或者因此而產生叛逆心理，這與父母所期待的願望越來越遠。

在這個故事中，班納特的媽媽為了擔心兒子挨餓，常常要跑去給兒子送午飯，一再姑息班納特粗心所造成的錯誤。如果事情一直這樣繼續下去，那結果會怎樣呢？班納特會認為自己有個好媽媽是可以完全依賴的，因此以後他還是會忘記帶作業，帶鑰匙之類的東西，反正他需要的這些東西媽媽會給他送去。

令人高興的是，媽媽終於改變了做法，她下定決心要給兒子一點教訓：她不再給兒子送午飯，並阻止老師借錢給兒子。結果班納特整整餓了一個下午，不過他再也不會犯下忘記帶飯這樣的錯誤了。

讓孩子在挫折中變得堅強，而不是讓孩子在挫折中消沉、沮喪，教孩子正確的做法，從而讓孩子學會從失敗和挫折中汲取經驗教訓，在不斷的修正之中積累經驗與勇氣，這樣看來誰說孩子遇到挫折或經歷一些失敗的考驗不是一件好事呢！

教育學家告訴我們，孩子對事物的反應大部份是受到父母的影響的。比如在班納特的例子中，媽媽常常因為擔心兒子挨餓，而跑去給兒子送午飯，實際上就是降低了孩子對失敗與挫折的耐受力。

我們應當訓練孩子有接受生活中的挫折和失敗的勇氣，而不是讓孩子養成依賴別人的壞習慣。

很多時候，當父母的總是低估了孩子的耐受力。認為自己的孩子還太小、太柔弱了，根本無法獨立應對生活中的難題，父母的這種態度，將使孩子形成對自己的錯誤認識和判斷——我沒有能力應付困難和挫折。

另一種情況是，面對種種挫折和打擊，如果父母不在孩子面前表現出對他憐憫的一面，孩子就不會對自己的處境產生錯誤認識，他們就能學會如何去接受失敗和挫折，從而調整自己的情緒，找到解決問題的辦法。

因此父母們應當樹立這樣的觀念——不要認為孩子做過的任何事情都是失敗的，要把我們的關心轉變成對孩子的期望和激勵，使孩子知道透過自己所做過的事情，得到了什麼經驗、學到了一些什麼知識？這才是成功的教育。

發現治療小兒麻痺症疫苗的科學家莊拉斯・史凱，經過整整二百次的試驗才獲得了成功。記者問他：你的最終發現是最偉大的，那麼你怎麼看待你前面那麼多的失敗和挫折呢？

他的回答十分精彩：「在我的生活中從來沒有過失敗，在我的家庭裡，我們從來不認為我們做過的任何事情是失敗的，我們所關心的是透過自己所做過的事情，得到了什麼樣的經驗？學到了什麼知識？我在第二百零一次試驗中成功了，但我如果沒有前面二百次經驗，就不會得到第二百零一次的成功！」

所謂英雄所見略同，英國前首相邱吉爾，他也從來不畏懼失敗和挫折。

他說：「如果所做的事是錯誤的，我會仔細地把問題想一遍，以便將來做得更好。」

有人曾經問邱吉爾：「邱吉爾先生，你在學校裡學到的所有經驗中，哪一項是最有用的？最後培養你成為一個將英國從最黑暗的時期引向光明的人？」邱吉爾回答說：「是我在高中留級的那兩年。」

「你是不是在考試中失敗了？」

「沒有，我只是發現了殊途同歸的道理。英國所需要的並不是聰明和智慧，而是在最困難的時期，能夠堅持下去的勇氣。」

邱吉爾的回答，也許對我們當父母的大有啟發！不要害怕孩子會遇到挫折，當我們鼓勵孩子去努力探索各式各樣的可能性的時候，我們正在培養他們從失敗與挫折之中，學習正確的做事態度。

父母們應當訓練孩子，培養他們自己接受生活中的失望及面對失敗的勇氣，而不是依賴別人，依賴於別人的憐憫，等待著父母來安慰自己。如果我們不在孩子面前表現出我們對他的惋惜和憐憫的話，孩子就會學會如何接受失望的現實，調整自己的情緒，解決所發生的問題。

如果做父母的能夠以平常心對待這一失望的現實，對孩子施展好的影響，就會使他們更勇敢的接受逆境，迎接希望。

不要擔心孩子對挫折的承受能力，培養子女對失敗的堅忍態度，能在失敗的泥潭中躍身而起的豪邁性情，是父母的重要職責之一。當然，在孩子受挫之後，家長要幫助孩子找到原因，樂觀地彌補過錯，不要給孩子留下任何陰影。

Chapter 09

讓孩子有一點自制的能力

今天的孩子大多是獨生子女，
受到家人無微不至的關懷和照顧，
然而這樣的生活卻讓孩子養成了任性的習慣，
這個壞習慣將對孩子未來的生活埋下巨大的隱患。
專家建議當孩子任性時不妨先靜觀其變，
這會使孩子因得不到注意而自動收斂脾氣。

該拒絕時要向孩子說「不」

現在的孩子是「小皇帝」、「小公主」，享受到了前所未有的愛護和物質享受。然而孩子們的要求卻越來越多，花樣層出不窮，讓父母們有種難以招架的感覺。

父母們愛孩子的心情是可以理解的，可是一味的順從孩子只會助長孩子的任性和貪欲，對孩子的健康成長沒有一點好處。因此，父母們不能毫無考慮的去答應孩子不停的需求，在孩子提出不合理要求時，就要態度堅決地拒絕。

這是一位年輕母親的教子心得：我的兒子叫小凱，今年九歲，他既聰明又可愛，從小就受到了家人的寵愛。

然而這兩年，我們越來越覺得這孩子太任性了：走在街上看到什麼就要什麼，不讓他買就連哭帶鬧，因此我們只好一次次的遷就他。

半年前，我去聽了一個教育專家的演講，他的一句話讓我感觸良深，「不講原則地遷就孩子就是害孩子。」

因此我決心要改變孩子亂買東西的壞習慣。在一個星期六的下午，在兒子的要求下，我答應帶他去逛街。出門前，我跟兒子約定：只看不買，否則就不去。兒子滿口答應：「好！」

不過在我以往的經驗裡帶兒子去逛百貨公司，兒子的眼睛一旦瞄到玩具區，不管合適不合適，只要他看中就一定要買。

到了百貨公司，就像以往一樣，兒子照例光顧一下六樓的玩具區。由於有約在先，我便放大膽子帶他去了。兒子興奮地東張西望，沒一會兒，一種可以從遠端遙控的玩具汽車吸引起了兒子的注意，他便纏著我要買。

我說不買。這下子可不得了了，他頓時坐在地上大哭起來，邊哭邊說，他最喜歡小汽車，一直想要小汽車，如果不買就回去告訴爺爺奶奶、外公外婆，只要買了他就乖乖聽話，以後什麼也不要……以前在這種情況下，我一定會買給他，但今天我卻站著不動，告訴他不能買的道理，可是他根本不理這一套，並大聲的喊著一個字——買！而且越哭越凶，最後，索性趴在地上不走了。

這時，售貨小姐及許多顧客都圍了過來：「現在的孩子少，沒有伴陪他玩，就給孩子買一個吧！」

你一言他一語的，說得我真是尷尬極了，真想一買了之。可是一想起自己的計畫，便又把心一橫：不買！我冷淡地對兒子說：「你走不走？你真的不走？那我走。」

我躲在樓梯口，很久才見兒子邊擦眼淚邊跟上來。

回到家裡，我告訴兒子，有哪些要求是可以得到滿足，有哪些不合理的要求是會被拒絕的。兒子似懂非懂地聽著。有了這一次成功的拒絕後，我就繼續進行我的計畫，孩子的爸爸也同意我的做法，對孩子不合理的要求一律堅決地拒絕。

半年下來，孩子果然改變了不少，他的不合理要求、不良習慣少了，家長會上老師告訴我小凱是個懂事又獨立的孩子。

這位母親的教育方法是非常成功的，父母對孩子提出的不合理要求要堅決地嚴加拒絕，是對孩子負責任的表現，一味的言聽計從就是溺愛孩子、害孩子。請看下面這個例子：

媽媽說：「瑞澤，吃飯了。」

孩子說：「今天吃什麼？」

媽媽說：「飯、紅燒魚……。」

孩子：「我不要，我要吃肯德基。」

媽媽說：「可是飯菜都已經做好了，我也累了，明天再去吃，不行嗎？」

孩子：「不，我今天就要吃。」孩子又哭又鬧，最後媽媽屈服了，帶他去吃肯德基。

在這個故事中，孩子對母親提出了極不合理的要求，母親怕孩子生氣，竟然順從了孩子的要求，她這樣做既破壞了自己的原則，又降低了孩子的心理承受能力，可以說這位母親的做法是非常失敗的。

孩子是沒有自立能力的，他的需求很自然的是要靠父母來滿足。可是今天的孩子生活在現代社會，他們不僅從父母身上，也從電視上，從大街上看到這多姿多彩的繁華世界，他們的視野寬廣，他們的欲望也變得強烈。

而父母們常不忍心拒絕他們的要求，想盡各種方法來滿足孩子的要求。可是人的欲望永無止境，小孩亦是如此，甚至更為強烈。

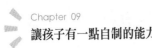

不要說以有限的精力、財力、時間去滿足孩子無休無止、花樣翻新的欲望幾乎是不可能的；就連對孩子的需求全部都予以滿足的想法，本身就是一種大錯特錯的做法。

過於遷就孩子子，等於間接養成孩子隨心所欲、惟我獨尊的不良習慣，這樣勢必會導致他們在日後邁入社會，進入學習、工作、交往中撞得頭破血流，甚至誤入歧途。

因此，在生活中，父母千萬不要事事遷就孩子的不合理要求。對孩子無理的要求除了不要遷就之外，對孩子正當的要求，有時基於家庭的經濟條件，或者出於教育孩子的目的，也未必一定要全部滿足。但是，不要遷就孩子必須講究方法。

有些父母一開始不遷就，可是經不住孩子的糾纏，或是由於心軟，過一會又予以滿足，這是最失敗的。這樣出爾反爾，定會讓孩子產生這樣的認知：只要透過死纏爛打的方式，無論什麼樣的要求都可以得到滿足，也有些父母在這方面沒有達成彼此間的共識，爸爸不遷就了，媽媽卻遷就了。

又或許父母達成一致的共識，爺爺奶奶卻悄悄地予以滿足，當父母提出意見時，老人家又說這是他自己的積蓄，背後又在孩子面前嘮叨，這樣不僅會造成孩子心理失衡，誤以為父母不疼愛他，只是說得婉轉，說什麼目前沒有能力做到，其實是做得到的，只是不願意為自己花錢、為自己著想。

堅決地拒絕孩子的不合理要求，是處理孩子任性問題的最佳辦法。需要注意的是，在孩子平靜下來之後，一定要告訴他拒絕他的原因，這樣的教育方式才能達到最佳的效果。

靜觀孩子的「牛脾氣」

「現在的孩子越來越難管了！」一些年輕的父母抱怨說「稍不如意，牛脾氣就上來了。打也不怕、罵也不聽、哄他呢他就更來勁！」在生活中，確實有不少這樣的孩子，那麼對於孩子的「牛脾氣」家長應該怎樣處理呢？

心理學家認為，孩子愛發脾氣是由於家庭教育不當引起的。特別是獨生子女，如果從小就事事都以他為中心，吃不得一點苦，要什麼只要一發脾氣就能得到，那麼孩子就會養成遇事愛發脾氣的壞習慣。

吳卓宇是小學五年級的學生，外表看起來有點內向，然而，脾氣卻異常暴躁。他自己坦承，許多時候控制不住自己的脾氣。其實，小時候的他並不是這樣的，不知為何，隨著年齡的增長，本來尚屬聽話的吳卓宇卻像變了一個人似的。

為此，他的媽媽帶他去找心理醫生做諮詢。這位母親對心理醫生訴說道：「小宇小時候很可愛，很討人喜歡。後來不知道從什麼時候開始，他學會發脾氣。脾氣一來，九頭牛都拉不動。他只要想到要幹什麼或想要得到什麼，就必須立即得到滿足，否則，就哭鬧、打滾、扔東西、毀物品，甚至自虐——用頭撞牆，扯自己的頭髮。他爸爸的脾氣也很火爆，他一鬧，他爸就打。你越打，他越強，一點也不示弱。眼看就要出人命了，我只好央求他爸爸息怒，把他爸拉開，然後想盡辦法滿足兒子的要求。但是倒頭來我卻弄得兩面不是人。他爸爸埋怨，兒子也不領情……」

每個人都不希望自己的孩子，是一個隨意發脾氣的孩子，可事實上發脾氣是孩子成長過程中的必經之路，如果家長引導的不好，孩子就會像故事中的吳卓宇一樣，養成亂發脾氣的壞習慣，變成一個脾氣暴躁的孩子；引導的好的話，孩子的脾氣就會成為每一次教育孩子成長的契機。

要解決孩子亂發脾氣，就得先知道孩子為什麼發脾氣。一是孩子的需要沒有及時得到滿足，這些需要，有些是物質上的，比如，孩子想買玩具或者買零食。有時則是生理上的，比如，生病了不舒服，而父母又不是十分的重視，等

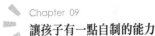

等。

這並不是說父母必須滿足孩子的一切需要。當父母的必須分析孩子的需要是否合理，既不要忽視孩子的心理、生理需要，也不能讓孩子的需求感變得貪婪。

既然，孩子發脾氣可能是為了獲取某種滿足的一種方式。那麼，我們該如何才能改掉孩子亂發脾氣的習慣，或者說對孩子發脾氣採取什麼樣的對策才是可行的？

專家的建議是：一是不能向孩子「俯首稱臣」；二是當孩子發脾氣時，適當地採取「靜觀其變」的方式，三是父母「以身作則」，讓孩子從父母的身上學到正確的做法。孩子發脾氣就向他屈服是最不可取的教育態度和教育方法。當孩子亂發脾氣時，父母要保持冷靜，對孩子的不合理要求絕不遷就，要讓孩子明白，無論他怎麼發脾氣，父母都不會「俯首稱臣」，他始終都達不到自己的目的。

當孩子已經「雷霆萬鈞」時，不妨採用靜觀的方式，父母及其親人都不去理會他。事後，再當著孩子的面，分析一下他發脾氣的原因，細心地引導、教育孩子，相信孩子會從一次錯誤的行為中吸取教訓。

這裡有個成功的教育範例：柳鮑娃夫婦有一個兒子和一個女兒。兒子叫舒拉，女兒叫卓婭。因為舒拉的年紀較小，又是男孩，父母對他有點兒偏愛，遇到什麼爭執，有什麼要求，大家總是遷就他。時間一久，舒拉就養成了亂發脾氣的壞習慣，有什麼事情沒有按照他的想法去辦，或有什麼要求沒有得到滿足，他就倒在地上大聲哭鬧，直到別人順從他的想法、滿足他的要求為止。

一天，舒拉想在午飯前吃點心。按照常規，點心是在飯後吃的。因此，父母沒有答應他的要求，他便躺在地上大聲哭鬧。父母見他又耍脾氣了，絕不能再遷就他：遷就一次，只會為以後更大的哭鬧製造習慣；多次遷就，會讓孩子的不良習慣繼續保持下去，長大後就難以改正了。於是夫婦倆決心好好治一治他。

柳鮑娃夫婦見舒拉哭，馬上一起離開了現場，讓舒拉獨自待在那裡。舒拉只顧哭鬧，沒有留意爸爸媽媽是否還在，還是一個勁兒地哭，並且不時地喊道：「我要吃點心！快點給我。」可是，這次和往常不一樣，並沒有人搭理他。

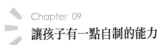

叫了一會後，他抬起頭來向周圍看了一遍，這才發現一個人也沒有。哭了沒人聽，他也就不哭了。過了一會兒，他開始玩起積木來，等父母回來看他時，他又哭了。

於是，父親嚴厲地對他說：「要是你再發脾氣的話，我們就不跟你一起住了，讓你一個人待在這裡。」舒拉見父母這次不但不遷就他，還責備了他，也就不吭聲了。

不久後，舒拉又發了一次脾氣，不過奇怪的是父母既沒罵他也沒哄他，舒拉在哭鬧的時候，偷偷的透過手指縫看父母對他是否表示同情，他卻發現父親只顧看書，母親照常在批改學生作業，根本就不理會他。看到這種情形，他也就停止了哭聲。就這樣，在經歷了幾次碰釘子後，舒拉終於改掉了亂發脾氣的習慣。

柳鮑娃夫婦的教育方法極有可取之處：讓發脾氣的孩子碰釘子，讓他在父母的冷淡反應中學會自我克制。專家認為，父母在阻止孩子壞脾氣發作的時候，既不要採取過於強硬的態度，也不能採取過於軟弱的態度。最好是能夠迅速而果斷地將孩子的注意力轉移到其他方面，以緩和緊張的局勢。

也就是說，當孩子正處於發脾氣的時刻，父母不要一心只想到訓斥孩子，因為孩子這時是聽不進去的；也不要強迫孩子或者用武力威脅孩子馬上停止發脾氣。最簡單的方法就是把他撇下不管，或把他送出門外，讓他一個人去發洩，去自我克服、自我平息。這樣持續一段時間後，孩子就會漸漸改正亂發脾氣的習慣，因為他們知道這樣做是什麼也得不到的。

在孩子亂發脾氣時讓他盡情哭鬧，做父母的一定不能妥協；但在他平靜下來之後，就不要再追究發生的事，而是溫和地講道理，這樣孩子就會逐漸克制自己的脾氣，讓自己的行為往好的方向發展。

太在意會讓孩子蠻不講理

生活中，很多孩子都會出現不講道理、無理取鬧的情況：以自我為中心，不理解別人的立場；不管自己有沒有道理，說發脾氣就發脾氣……這些問題往往讓為人父母者頭疼不已。孩子的不講道理，其實是因為孩子缺乏自制力的表現，因此父母一定要努力培養孩子的自制能力，對孩子不講理的行為決不姑息縱容。

媽媽給盈軍買了一輛可以遙控的玩具汽車，準備下午帶孩子到姑姑家作客，盈軍非常高興，決定向表弟炫耀一下自己的新玩具。

但是到了下午，忽然下起了大雨，盈軍趴在窗戶上看了好一會兒，跑來問媽媽：「媽媽，這雨會停嗎？」

媽媽知道，如果盈軍不能去姑姑家，他一定會非常失望。於是安慰孩子：

「再等一下看看，也許雨會停的。」

一個小時過去了，雨還是沒有停，甚至還刮起了大風。於是盈軍開始吵鬧起來，一邊吵鬧一邊哭泣。媽媽安慰盈軍：「姑姑家我們都去過好多次了，也不在乎這一次。等大雨停了，媽媽再帶你去，你看好不好？」

盈軍哭著對媽媽說：「誰知道雨什麼時候能停！你都答應我了，現在又反悔，我不要！我不要！」

盈軍越吵越厲害，連鄰居都驚動了！

媽媽很為難又拿他毫無辦法，於是就向他保證說：「媽媽明天帶你到玩具專賣店去，再給你買一隻玩具槍，能射子彈的那種，以前你不就想要嗎？」

我們經常會看到一些父母犯這樣的錯誤：孩子一哭鬧，自己就慌了手腳，馬上對孩子又疼又哄，對孩子的不講理百般遷就，或者很多時候孩子是因為某些不如意的事情，吵鬧一陣子後，就快要停止下來了，忽然，又因為父母或其他人對孩子說了些安慰的話後，孩子的情緒一下子又來了一個一百八十度的大轉變，變本加厲，越發吵鬧得不可收拾！盈軍對媽媽的吵鬧便是一個很好的例子。

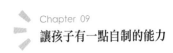

對孩子來講，由於天氣的原因，不能參加原來計畫好的活動，一定會感到很失望，但孩子因此而吵鬧不休蠻不講理，很多時候是因為媽媽的同情而把這種失望的感覺擴大了。

父母們常常低估了孩子對失望和挫折的承受力，總是不知不覺地以父母的角色，心甘情願地替代孩子「受罪」。

在這個例子中，媽媽對盈軍表示了憐憫，盈軍自己就愈加覺得自己可憐，越加覺得「去不了姑姑家是難以承受的事！」

更糟糕的是媽媽提出的「補償」辦法使盈軍形成一種觀念，那就是他在生活中所遇到的任何失望的事情，都應該由別人來給予補償。

如果事情不能按他的願望去實現的話，盈軍就會感到生活虧待了他，他受到了不公平的待遇。

當媽媽的認為孩子的失望太大了，是盈軍所不能承受的，她的這種態度，實際上是低估了盈軍所具備的承受力。

媽媽認為盈軍太脆弱了，根本無法應付生活中的一切，她的這種態度將使盈軍也形成對自己的錯誤認識：「我受到了一個很大的打擊，沒有能力應付。」

因此，我們應當訓練孩子，培養他們接受生活中的失望及失敗的勇氣，而不是依賴別人，尋求別人的憐憫，等待著別人來安慰、同情自己。如果我們不在孩子面前表現出，我們對他的惋惜和過多在意的，孩子就會學會如何接受失望的現實，調整自己的情緒，不再蠻不講理。

如果做父母的能夠以平常心來對待孩子的失望，對孩子施展好的影響，將會使孩子更容易接受失望，迎接希望和挑戰！

慈恩六歲了，正在讀幼稚園的大班。她是一個活潑好動、聰明機靈的小女孩。在家裡，爺爺、爸爸媽媽都寵著她，從不拒絕她的要求，她也很討家人喜歡。

不過，慈恩有一個壞習慣，就是喜歡無理取鬧、不講道理。

當她的脾氣上來時，誰都拿她沒辦法。她才不管有沒有道理，反正她想幹什麼就幹什麼，比如有時候不知道為什麼，她就會大鬧不止；她非常挑食，有時候做了她不愛吃的菜，她就會把菜盤子推翻，她明知道應該和小朋友們互相幫助，友好相處，可還是會搶小朋友的玩具……

在家裡，慈恩經常把爺爺當馬騎，如果爺爺說腰疼不答應，慈恩便放聲大哭，爺爺只好趴在地上讓她騎。

後來，爸爸從一本書上看到關於孩子不講道理的危害：一旦養成不講道理的習慣，孩子就很難控制自己的行為和願望，長大後會出現種種越軌的行為，嚴重影響孩子今後的發展。慈恩一家人這才意識到孩子的問題，他們決定採取措施糾正慈恩的無理取鬧。

這一天慈恩放學回來後，又要爺爺趴在地上讓她當馬騎，但這一次爺爺很直接地拒絕了她，慈恩立刻哭鬧起來，不過很快的她就發現根本沒有人理她，過了幾分鐘後慈恩停止了哭鬧，拉著媽媽吃點心去了。

從那次以後，家裡的人不再縱容慈恩的無理取鬧，只要她不講理，家裡的人一定全都不理睬她。過了一段時間之後，慈恩終於知道無理取鬧是解決不了問題的，而且她也意識到了自己的某些行為是不對的，是不受歡迎的。

像慈恩這樣不講理的孩子，在生活中比比皆是，你越是在意他，他就越得寸進尺，那麼父母有什麼妙計可以處理孩子得寸進尺的情況呢？一些有經驗的父母，他們的建議是「不理他」。實際上，不去理會孩子的得寸進尺的情況是相當簡單、有效的。

孩子的有些行為不是真正的幼稚無知，他們其實也隱約感覺到自己的做法有問題。

只是孩子的情緒「控制」還不成熟，因而表現出哭鬧的情緒。如果父母常常為孩子的這種不成熟而批評他，反而會引起孩子的注意，從而滋長孩子的不良情緒。

例如：當孩子無理地吵鬧、發脾氣、哭叫時，父母故意不去理睬孩子的語言和行為，不以任何態度表示知道那種行為的存在，孩子就會意識到父母對他的行為是不喜歡的，也不會給予他任何的滿足，他從父母那裡將得不到任何「補償」。

生活中我們可以看到，往往是由於父母太過於在意孩子，才使得孩子得寸進尺，甚至於發展到無理取鬧。而父母在處理孩子的這種行為時，通常會大聲斥責，甚至大出打手，以達到使孩子改變行為的目的。

父母的這種做法是行不通的！如果我們希望孩子能夠改變那些不講理的行為，那麼，父母正確的做法應當是自始至終，都要採取不理睬孩子的態度，至少應當保持相當程度的沈默。

在孩子無理取鬧的時候，就要採取對孩子置之不理的辦法，這樣孩子就會在你冷淡的態度中反省自己的做法，千萬不要太過於在意孩子，你的在意只會讓孩子更加的得寸進尺。

Chapter 10

讓孩子
自己的事情自己做

不要什麼都為孩子做的好好的，家長應當試著放開手，
讓孩子自己去做，第一次也許做不好，
但以後就會做得又快又好。
千萬不要做個事事包辦的父母，
放開手為孩子創造做事的機會和場合，
孩子才會有自立的能力，父母們也會少些麻煩。

別給孩子太多的呵護

生活中，很多父母總喜歡給自己的孩子無微不至的呵護，把孩子的事情全都包辦下來，一一為孩子做好。這些父母似乎不知道，我們教育孩子的最終目的，是要讓孩子能夠適應他自己未來的生活。因此，日常生活中應當教導他們學會獨立地生活，而不要總覺得他們這也不會那也不行。

七歲的文瑄，要去參加學校舉辦的夏令營，文瑄非常興奮，在家裡又跳又叫，然而媽媽卻很擔心，她覺得這對文瑄來說太困難了！才七歲的孩子就要離開家，在外面和同學老師共同生活五天，孩子飯吃得不習慣怎麼辦？孩子走不動怎麼辦？孩子生病了怎麼辦？

媽媽給文瑄的班導師打了電話，再一次叮嚀她路上多照顧文瑄，又給文瑄準備了幾套衣服，連帽子、手套都帶上了，生怕晚上氣溫低凍壞孩子。除此之外，她又在文瑄的背包裡塞了一些餅乾，叮囑文瑄不要餓壞了自己。

在文瑄臨出門時，媽媽又告訴文瑄要注意安全、要這樣、要那樣，一副沒完沒了的樣子，弄得文瑄都有些不耐煩了。文瑄走後，媽媽還坐在沙發上不停的念著：「一個小孩子怎麼照顧自己啊！結果兩天後，不放心的媽媽開著車追到夏令營去了……

文瑄的媽媽是個慈愛的媽媽，但卻不是一個成功的媽媽，她過多的保護與過分的呵護，只會阻礙孩子的發展，讓孩子無法獨立自主。孩子終究是要獨立生活的，為了讓孩子能順利地適應他未來的生活，父母們有必要放手大膽地讓孩子自己去照顧自己，不要讓他們永遠生活在父母的呵護裡。

如何訓練孩子的獨立能力？我們當父母的人可以教導孩子從一些簡單的工作著手，例如：早晨起床自己穿衣、刷牙等等。這些不僅是日常生活的步驟而已，它更能訓練孩子自動地管理自己的行為，培養孩子的自立精神。

父母既要放手讓孩子自己走出去，又要保證我們的孩子能夠「安全出行」。一方面需要父母對孩子進行嚴格的訓練，另一方面卻不是「三分鐘的熱度」所能夠解決的。

比如，培養孩子一些簡單的日常生活習慣，剛開始父母和孩子都會興致盎然地按計劃實行，但是時間一久，一些父母就會又恢復原狀了，這種對孩子缺乏長久性和一貫性的培養，反而會在孩子的性格中留下很多負面影響。

與父母過分的叮囑和過分的呵護截然不同的教育方式是重視培養孩子的自理能力和獨立自主的精神。

西方國家中的父母們，在教孩子獨立自主這方面所採用的方式，是值得我們好好研究與借鑑的。

舉例來說，在美國，家庭教育是以培養孩子富有獨立精神、能夠成為一個自食其力的人為出發點的。父母從孩子小時候就讓他們認識工作的價值，讓孩子自己動手修理、裝配摩托車，到外邊打工賺錢。即使是家庭富裕的孩子，也要自謀生路。

美國的學生有句口號：「要花錢自己賺！」鄉村家庭要孩子分擔家裡的割草、粉刷房屋、簡單的木工修理等工作。

此外，還要外出當雜工，出賣體力，如夏天替人修整草坪，冬天幫別人鏟雪，秋天幫人掃落葉等。在富足的瑞士，父母為了不讓孩子成為無能之輩，從小就著力於培養孩子自食其力的精神。

譬如，一個十六七歲的女孩，從高中一畢業就去一家有教養的家庭裡當一年左右的女傭人，上午工作，下午上學。

他們的做法在台灣父母看來似乎難以理解，但瑞士父母卻認為大有好處。這樣做一方面可以訓練孩子的工作能力，讓孩子尋求到獨立的謀生之道，另一方面還有利於其他語言與文化的學習。

因為瑞士有講德語的地區，也有講法語的地區，所以一種語言地區的女孩通常到另外一種語言地區的家庭裡當傭人。其中也有相當多的人還要到英國學習英語，辦法同樣是邊當傭人邊學習語言。

等他們熟練地掌握了三種語言之後，就去公司、銀行或商店就職。長期依靠父母過生活的人，被認為是沒有出息或可恥的。

德國父母對從小就培養孩子自己的事情自己做，從不包辦代替。法律甚至還規定，孩子到了十四歲就要在家裡承擔一些義務，比如要替全家人擦皮鞋、打掃房間等。這樣做，不僅是為了培養孩子的工作能力，也有利於培養孩子的社會義務感。

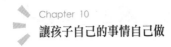

而在日本，在孩子很小的時候，就給他們灌輸一種思想：「不給別人添麻煩。」並在日常生活中注意培養孩子的自理能力和獨立自主的精神。全家人外出旅行，不論多麼小的孩子，都無一例外地背著一個小背包。

父母說：「這是他們自己的東西，應該由他們自己來背。」而在台灣卻常常是父母幫孩子背書包。

在日本許多學生都要在課餘的時間，在外面打工賺錢。大學生中打工賺學費的現象更是非常普遍，就連有錢人家的子弟也不例外。他們靠著在飯店端盤子、洗碗，在商店售貨，照顧老人，做家庭教師等賺得自己的學費。

比較一下文瑄媽媽「孩子太小，只能由我照顧」的教育方式，不知台灣父母做何感想呢？父母們都應該明白，你們是無法照顧孩子一輩子的。一個真正疼愛孩子的母親，應該關注的是孩子將來是否能自己應付外面的世界。

將一個在慈母庇護下，毫無自我生存能力的青年推入未來的社會是最為殘忍的事，也是母親不忍看到的結局。想讓孩子能成功地走入外面的世界，就必須從小開始培養自立與自信。如果我們凡事都替孩子做得好好的，便不能達到這一目的。在這樣的撫養下成長起來的青年，外表雖然人高馬大，內心卻是畏畏縮縮，缺乏勇氣。

這樣做會讓他喪失了自信和勇氣，也會讓他感到不安全，因為安全感是建立在能夠用自己的能力去對付處理問題的基礎上。我們這種自以為無私的行為，已剝奪了孩子發展自己能力的權利，而這卻是孩子成長中最珍貴的要素。

凡是孩子能獨立完成的事就不要替他去做，就好像要讓孩子學會走路，你就得先放開手一樣，當然，一旦決定「放手」了，就要堅持下去，不要看到孩子做不好就又去插手去做。

讓孩子學習獨自面對問題

教育學家認為：愛孩子就要培養他獨自面對一切的能力，千萬不要讓孩子對家長產生嚴重的依賴心理。因此，父母們應當從小培養孩子的獨立意識，不妨讓孩子吃點苦、讓孩子自己去面對問題，這樣孩子才能成為一個獨立有用的人。

瑞克是個活潑的男孩子，他非常喜歡參加學校舉辦的各種活動。一個週末，瑞克的老師邀請同學們去郊遊，當瑞克趕到學校時，他的老師不讓他參加班級的這次活動，因為他忘了帶父母簽字的同意書。瑞克感到非常氣憤，當他回到家時，就對媽媽說：「媽媽，你必須開車送我去山上參加活動，不然我會不開心的。」

「瑞克，我知道你很想去，我也希望能夠幫你，但讓我開車送你去是不可能的。因為我有工作要做，而且要去參加郊遊是你的事。」媽媽回答說。

「那怎麼辦呢？」瑞克低著頭小聲說道。

媽媽看了看兒子，說：「你可以搭公車去呀！」

瑞克搖了搖頭：「不行，那樣太麻煩了，因為我必須換好幾趟車。」

「哦，你是說你已經決定不搭公車了，對嗎？」媽媽平靜地問道。

瑞克接著又發了幾分鐘牢騷，訴說他的不幸，然後就走出了房間。

當他再次回來的時候，他興奮地對媽媽說：「我已經找到了一輛直達山區的公車，根本就不需要轉車。」

就這樣，媽媽開車把他送到了公車站。

我們可以想像一下，瑞克在趕上郊遊隊伍之後該有多麼高興，因為他憑藉自己的力量解決了問題，而在這件事情中起到關鍵作用的媽媽也是非常令人佩服的。在瞭解兒子的困難後，她本來是可以開車把兒子送到山區的，但她並沒有這樣做，而是堅持讓兒子自己坐車去山區，也藉此機會訓練孩子獨立處理問題的能力。

生活中我們常說，自己的事情要自己解決。哪怕你完成得沒有別人好，那也是你自己努力的成果。這一次也許會做的不好，但下一次就會好一點，經過這樣一次次的努力，最後才能做的完美。如果總是依賴別人，那麼你的一生將始終與貧窮和低聲下氣為伴。孩子有了自己的能力和地位後，與家人和社會的溝通才會變得更容易，才更能適應周圍環境的變化。

現代家庭裡的孩子大多是獨生子女，是長在「溫室」裡的花朵，許多事情都由大人包辦，茶來伸手，飯來張口，孩子在這樣的環境中很容易就會失去自己的獨立性，這無疑會對孩子以後參與社會競爭產生不利影響。

因此，父母一定要從小就開始鼓勵孩子獨自去完成一些事情，以培養孩子的獨立能力。孩子們應該成長為一棵獨立支撐、獨當一面的大樹，而不是靠大樹遮風擋雨、經不起風吹雨打的脆弱小花。

大衛．布瑞納出生於一個美國中產階級家庭。當他中學畢業時，許多同學的家長都給自己的孩子一份厚重的畢業禮物，有的是新衣服，有的是雪鞋、有的甚至得到了新轎車，當大衛興奮的問父親自己可以得到什麼禮物時，父親卻慎重地遞給他一美元，語重心長地說：「用它去買一份報紙，一字不漏地讀一遍，然後在分類廣告欄裡，找一份工作。自己去闖一闖吧，它現在已經屬於你了！」

「什麼？！這怎麼可能……」大衛的神情中有著明顯的失望，還有對自己能力的擔憂。

「兒子，你已經中學畢業了，爸爸相信你的能力，相信你能靠自己的雙手贏得你想得到的。」大衛的父親鼓勵兒子道。

父親的信任與鼓勵，讓大衛終於鼓起了勇氣，在那個假期裡他賺到了第一份工資。從那次以後，他學著不再依賴父母，自己獨立處理遇到的事情，也正是這份獨立的精神加上不斷的努力，讓大衛成為了美國最著名的喜劇演員之一。

成名之後，大衛對朋友感慨地說：「我一直以為這是父親跟我開的一個天大的玩笑。幾年後，我去部隊服役，當我坐在傘兵坑道裡認真回憶我的家庭和我的生活時，才意識到父親給了我一種什麼樣的禮物。我的那些朋友得到的只不過是轎車或者新衣服，但是父親給予我的卻是整個世界。這是我得到的最好的禮物。」

表面上看來大衛的父母對孩子似乎有點殘酷，然而這種「殘酷」裡卻藏著父親對兒子用心良苦的愛與深深的期望，因為他知道在孩子年少時培養他處理問題的自立能力，積累豐富的人生經驗，這才能為孩子日後的成功奠定良好的基礎。

人的一生就像在攀登無數臺階的山峰，對於孩子如何面對和攀登這些人生的臺階——學習、工作和生活，父母的做法不盡相同，有的牽著手、攙扶著上，有抱著上……不同的父母會有不同的做法。

但是結果很明顯，被家長牽著、攙扶著的孩子，對父母會有很強的依賴性，常常把父母當成支柱而難以自立；被家長抱著上臺階、攬在繈褓裡的孩子，會成為「被抱大的一代」，不經風雨，不見世面，更難立足於社會，更別說大有作為。只有那些在父母鼓勵下，獨立攀登的孩子，最終才能攀上光輝的頂點。

在美國，經常可以看到一些孩子在校園裡撿垃圾，把草坪和人行道上的報紙、冷飲罐收集起來，向學校換取一些報酬。他們一點兒也不覺得難為情，反而為自己能賺錢而感到自豪。有的家庭經濟很富裕，但在孩子八九歲時便鼓勵他們去打工、送報賺零用錢，目的是培養孩子自力更生、勤儉節約的習慣。

美國富豪洛克菲勒就是其中之一。洛克菲勒很小的時候就開始靠幫父親做「小幫手」賺零用錢，平時清晨他便到田裡幫忙，有時還幫著母親擠牛奶。為此，他專門有一個用於記帳的小本子，將自己的工作按每小時三十七美分記入帳簿，然後再與父親結算。

他做這件事做得很認真，因為他感到既神聖又趣味無窮。而洛克菲勒的第二代、第三代乃至第四代，也都嚴格的照此方法教育孩子，而且還要定期檢查他們做事的效果，否則，誰也別想得到任何的零用錢。

洛克菲勒家族讓孩子這樣做當然不是因為吝於給孩子零用錢，也不是父母有意苛刻孩子，而是透過這種方式鼓勵並培養孩子艱苦自立的品格和勤勞節儉的美德。那小帳本上記載的不僅僅是孩子打工的流水帳，更是孩子接受考驗和磨練的經歷！

放手讓孩子做就是在吃苦耐勞、經風雨見世面、長見識、長才能、長能力以及有利於培養孩子獨立生活能力方面的事情，就要大膽的放。這種「放」就是放手讓他們獨立的活動或行動。

家長不能總把孩子關在自家的大門之內，像老母雞那樣，時時刻刻都把孩子攬在自己的身邊。

那樣，他們就永遠學不會獨立生活和獨立處理問題、解決問題。應當打開家庭「城堡」的大門，把孩子放到社會生活中去，以社會為「課堂」，以社會生活為「教材」，向社會學習，在學習中增長見識，開擴眼界，經歷磨練，增長才幹，這樣才能提高適應社會生活的能力。

「不經一番嚴霜苦，哪有梅花撲鼻香」，真正愛孩子就要放手讓孩子獨立闖蕩，這樣孩子才能在風雨磨練中成為有用的人才。

望子成龍從培養孩子的主動性開始

其實，孩子有一種天生的主動性，他們很小的時候就有想自己做一些事情的欲望，可是生活中有太多的父母都放不開手，擔心孩子做不好、會傷害自己，結果他們的「好心」壓抑了孩子的主動性，讓孩子變得懶惰無能、處處依賴父母。

有一次，三歲的書齊正在學著自己穿衣服。「來，書齊，你穿得太慢了，而且還弄反了，媽媽幫你穿。」媽媽接手後，兩三下就幫他把衣服穿好了。面對媽媽熟練的技巧，書齊感到自己很笨拙。他覺得很灰心，乖乖地站在那裡讓媽媽幫他把扣子扣好。

四歲的時候，書齊看到媽媽給花草澆水，他走過去，高興地拿起水壺，想要幫媽媽的忙。「書齊，別動。」媽媽喊道，「小心別把水灑到身上，弄濕衣服，你還小呢，讓媽媽做吧！」

書齊要幫媽媽收拾桌子，媽媽嚇壞了，趕緊奪過碗盤：「乖孩子，你會把盤子摔碎的，還會割破手。」為了不使盤子破碎，書齊再次喪失了學習的機會。

當十二歲的時候，媽媽說：「書齊，來幫我把洗衣機裡的衣服取出來，拿到院子裡去曬。」

書齊回答說：「媽媽，我忙著打電動遊戲呢！」

媽媽又說：「幫我把地板擦一擦。」

書齊口頭上答應說：「先等一等。」而心裡卻感到很奇怪：「這種事情，幹嘛非要我做？」結果一天過去了，他還是沒做這件事。

媽媽向爸爸抱怨書齊什麼也不會做，什麼也不幫忙做，然而她不明白，正是她把書齊教育成這個樣子的。

我們可以看到，書齊小時候是有非常強烈的獨立欲望的，他希望自己穿衣服，去給花草澆水，甚至希望能幫媽媽分擔一點家務，遺憾的是書齊的媽媽卻扼殺了孩子的這一天性。是她的「照顧」和「不放心」讓書齊變成了一個什麼都不會做、什麼都不願做的孩子。

父母們應該知道，孩子們從出生到這個世上起，就充滿了強烈的參與欲望，希望能加入到這個社會中，能和別人一樣做許多事，這是孩子尋求自立的重要過程。這種欲望便是學習的動力，是一種可貴的探索精神。

我們應不斷地培養孩子們的獨立自主能力。我們應當在他們一出生時就開始這樣做，並持續到他們成人為止。生育一個孩子是十月懷胎的事，而培養一個孩子將會用一生的精力。我們相信自己的孩子會茁壯成長，我們應當用這種態度去解決和處理孩子成長時期的每一個問題。我們的孩子需要鼓勵，需要我們盡全力幫助他們發展和保持這種勇氣。

有一天，媽媽發現兩歲的魯尼正試著把媽媽掉在地板上的長裙塞到衣櫃裡，於是她開心地把魯尼抱了起來，並決定讓魯尼做自己的助手。

「寶寶，地上有一張紙，幫媽媽撿起來放到垃圾桶裡去。」

「寶寶，媽媽現在很忙，你自己學著把玩具整理好，好不好？」

魯尼小學畢業後，媽媽分配給魯尼的任務就多了許多，也不再是簡單的工作。「魯尼，你是我們家的男子漢，去超市買兩桶沙拉油吧！」

魯尼中學畢業後，到紐約上大學去了，媽媽在電話裡問他：「有什麼不習慣的地方嗎？媽媽可以幫你做什麼呢？」

魯尼在電話中回答：「除了想媽媽之外，沒有什麼不習慣的，我會照顧好自己！」媽媽知道自己的孩子已經具備了很好的獨立生活能力，是一個有責任感的孩子，內心真是高興無比。

我們常常會聽到父母對孩子獨立能力太差。比如「我像你這麼大的時候，早就……」言外之意，孩子不僅不如當年的父母，長到這麼大還是一個什麼都不會，處處需要父母照顧的孩子！事實上，在我們的生活中，也不缺乏這樣的一些孩子，有的孩子上了高中，甚至考入了大學，仍然缺乏應有的獨立能力，報紙甚至報導過一個大學生因為無法獨立生活而退學的事。同樣的孩子，為什麼有的孩子行為果敢，獨立生活能力很強，而有的孩子則遇事猶豫不決呢？這與我們的家庭教育有關。

教育學家指出，在孩子兩三歲的時候，隨著孩子生理結構和功能的發展以及能力的增強，開始出現獨立意識的萌芽，這時候孩子非常希望自己嘗試和參與成人的活動，家長就應該引導孩子如何去做他們力所及的事情，讓他們在日常小事中體會到成功的經驗，從而增強自己獨立處理事情的自信心，這樣在以後遇到更大的挑戰的時候才不致於不知所措。

可以根據孩子的年齡，交給孩子一些易完成的任務，透過工作使其懂得要尊重他人的工作成果，逐漸形成義務感、責任心，並且在獨立完成家長交代的任務的過程中，培養了孩子的獨立性。

有一位媽媽，在帶三歲女兒搭車的時候，一定要把買票的錢交給女兒，讓女兒幫她買票。這位媽媽的做法相當不錯，買票只是很簡單的事，但卻會提高孩子做事的信心，增強孩子的獨立性。

當然，培養孩子的獨立生活能力並不是一件簡單的事，這既需要父母的慈愛之心，也缺少不了嚴格的獨立生活能力訓練。對孩子的培養要從小做起。當然一開始不能對孩子要求太高，但生活的自理能力卻是非要獨立不可的。

這是為孩子制定成長目標的重要內容。為了實現這一目標，要有做長期抗戰的打算以及短期目標的安排。孩子被送到幼稚園，剛開始，孩子可能會哭鬧不休，倍感委曲，無論怎樣，父母都要忍下來，目的就是讓孩子接受鍛鍊。其次，父母要加強在日常生活中的指導訓練。一兩歲的孩子，就可以讓他自己吃飯，自己收拾玩具、故事書；到了三四歲時，就要教孩子作一些力所能及的事如穿衣、繫鞋帶等。

孩子上學後，父母要教導孩子如何安排時間，教孩子怎樣調鬧鐘，怎樣準備早點，以及更有條理的學習方法等。另外，要創造機會，讓孩子在實際的執行中培養能力，從事一些為家庭和團體服務的工作。能力的培養是一種反覆的訓練過程，是一個需要不斷強化的過程，要多鼓勵孩子，決不要因為出了點問題而中斷訓練。家長應積極支持孩子自己動手做事的願望，不要怕孩子做得慢，效果差。也不要因為怕麻煩而剝奪孩子從小動手的機會，為了達到培養孩子獨立生活能力的目的，應該讓孩子經歷一定的挫折體驗，總之，孩子獨立能力的養成其關鍵是在於後天的培養和訓練。

希望孩子在自主活動中一帆風順是不可能的，然而父母應當「狠」下心來，讓孩子學會照顧自己，只有富於自立精神的孩子將來才能成為使自己幸福的人。

Chapter 11

尊重讓孩子與父母貼得更近

親子間之所以出現衝突與矛盾，
往往是因為父母對孩子不夠尊重，
而使孩子心懷恐懼不滿，也因此而拉開了彼此之間的距離。
其實孩子也需要尊重，
如果父母能在日常生活中對孩子多一些尊重，
那麼他們一定會成為最受孩子歡迎的父母。

不要「入侵」孩子的空間

孩子漸漸長大了，他們開始有了只屬於自己的祕密，不想讓父母知道。而父母為了管教好孩子，卻往往喜歡入侵孩子的空間，偷看孩子的信件、日記。父母們的出發點是好的，但是做法卻很糟，這樣做只會拉開親子間的距離，讓孩子產生對立的情緒。

雖然父母與子女之間的關係十分親密，但是地位應該是平等的，誰也不應該侵入對方的祕密生活。但生活中，父母卻經常在無意中破壞了這種平等，因此，也往往在無意中切斷了與孩子之間的信任關係。

星期六一早，托尼的兒子與同學出去玩了。托尼一個人來到兒子的房間，發現兒子的書桌上雜亂無章，就走過去想整理一下。托尼打開兒子的抽屜，在抽屜裏，托尼突然發現了一本黑色的筆記本。

兒子在日記本的第一頁上寫道：「自從我上中學以後，我的心裏就逐漸變得空虛與孤獨，父母除了關心我在學校裏的表現外，就是把我關在屋裏讀書，每天當我伏在桌前，永不停止地寫那些永遠也寫不完的該死的作業時，我就有著說不出的痛苦。」

讀完兒子的日記，托尼內心感到了一種強烈的震撼。他原以為自己和兒子是親密無間的，可是萬萬沒有料到兒子與自己竟有這麼大的代溝。

傍晚，兒子回到家裏，又關上房門獨處。晚餐的時候，兒子突然問：「爸，媽，你們倆誰動了我的東西了？」

「沒有啊！」托尼裝糊塗地說。

兒子見托尼的態度如此堅定，什麼也沒有說，悶悶不樂地走開了。

過了兩天以後，兒子上學出門後，托尼又偷偷溜進兒子的房間，打算從兒子的日記裏洞察他內心的祕密，令他吃驚的是，抽屜上不知何時被安裝了一把小銅鎖。他突然意識到自己犯了一個低級的錯誤。

晚上，當兒子回到家後，托尼鼓足勇氣對兒子說：「兒子，爸爸犯了一個錯誤，你能原諒爸爸嗎？」

兒子沈默了一會兒，冷冷地說：「不就是偷看日記的事嘛！我不想再談這件事了。」

「如果你原諒爸爸，就請你把鎖打開吧！別把爸爸當賊似的。」

兒子氣呼呼的把鑰匙拋給托尼說：「這是鑰匙，你該滿意了吧？」

幾天以後，當托尼無意中再一次來到兒子的房間時，又像著了魔似地想看兒子的日記。可是令托尼失望的是，兒子的抽屜雖然沒有上鎖，可是那日記本不知何時已無影無蹤了。

有一天，兒子突然對托尼說：「爸爸，你是不是很失望？」

「你為什麼這樣說？」

「因為我把日記扔了，並發誓不會再寫日記了。」

托尼驚愕地醒悟到：他已經失去了兒子的信任。

顯然，父母隨意翻閱有關孩子隱私的信件、日記等是不正確的。這種偷偷摸摸的行為容易給孩子幼小的心靈打下一個深深的烙印，那就是：父母是不可信任的！當身邊最親近的人讓孩子產生不信任感時，親子之間的交流溝通便不復存在了。

有些父母還天真的認為，孩子應該是一個永遠長大不的「水晶人」，對自己不應有任何祕密，於是毫不考慮地侵犯孩子的隱私。

珈彣是國中二年級的學生，她最大的煩惱就是父母拆看她的信件和日記。有一次，她在家裏做功課，一位男同學打電話來，沒想到媽媽在另一個房間偷聽。

她剛擱下電話，媽媽便怒氣衝衝地跑過來，劈頭就問那個男孩是誰，兩人是什麼關係，並警告她不許談戀愛。她知道媽媽偷聽電話，就十分生氣地說：「你為什麼偷聽我的電話，你侵犯我的隱私權？」

媽媽輕蔑地說：「小孩子有什麼隱私權，當媽媽的不能管你嗎？再說你心中如果沒有鬼，幹嘛怕別人知道呢？」

她與媽媽大鬧了一場。以後總是把自己關在房間裏，連話也不願意和媽媽說。

想想，這個女孩子以後還會信任他的媽媽嗎？有了煩惱還會願意向媽媽訴說嗎？其實個人的隱私與人格尊嚴是有密切關聯的，侵犯孩子的隱私就是不尊重孩子，而不尊重孩子的家長也同樣得不到孩子的尊重。

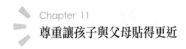

教育學家認為，有隱私是孩子逐漸走向獨立的表現，這時孩子已經有了一定的判斷力，家長不要總是認為孩子長不大，自己必須牢牢控制孩子。當然，為了不讓孩子變壞，家長還是要和孩子貼得近一些，那麼怎樣才能讓孩子願意和自己吐露心裏的話呢？「尊重孩子」無疑是最有效的一招了。

有一個十四歲的女孩子和媽媽的關係非常好，什麼事都願意和媽媽商量，她認為媽媽最偉大的地方就是從來不侵犯她的隱私。

這個女孩子常常自豪地對同學說：「我的日記放在書桌上，也沒有鎖，我有這個自信，媽媽絕不會偷看！」她的媽媽說：「我知道我必須尊重孩子，這樣才能換來她的信任和尊重，瞧，現在不是很好嗎？我從不偷看她的信件、日記，但她有了難解的事都和我商量，有男孩追她啊！不喜歡的數學啊……我一點也不用擔心她變壞。」

這個女孩子真幸運，有這樣一個開明，懂得尊重她的媽媽。如果天下的父母都能像這位媽媽一樣，也許親子溝通就不再是問題了。

尊重孩子的隱私，要求父母也不要隨意拆孩子的信件或翻看孩子的日記，不要監聽孩子和他朋友的談話；當孩子心中有祕密時，如果孩子不想傾訴出來，父母不要追根究柢，緊追不放，更不能以命令的口吻逼孩子說出來。否則，必將引起孩子的反感，使他們產生不被信任的感覺，從而漸漸失去誠實正直的好品格。

誠實要靠誠實來感染，尊重只能用尊重來換取，瞭解孩子不等於要掌握孩子的全部祕密。

別傷了孩子的自尊心

孩子總難免有一些缺點，會犯一些錯誤，而一些家長往往過分重視孩子的缺點和錯誤，動輒對孩子進行羞辱和諷刺，對孩子缺乏應有的尊重，以這種方式對待孩子的結果是，年紀小的會害怕、畏縮，年紀大的會心生反感、敵意，既達不到教育的效果，又造成了親子間的疏離。生活中，最常見的是父母因孩子成績不好而責怪孩子、羞辱孩子。

文儀是個小學四年級的孩子，他是班上的模範生，但這次考試卻因為粗心大意而失利了，數學只考了六十九分。

拿到成績單後，媽媽的臉馬上沉了下來，她開始罵兒子：

「考這種成績，以後還能做什麼！」

「還說什麼『模範生』，我看你就等著當留級生吧！」

「我告訴你，以後再考這種成績，你就別進這個家門，廢人！」

像這種責罵的方法，簡直是毫無理性可言。

孩子當然知道要用功，只是一時還無法達到母親所要求的標準，母親怎能一生氣就罵孩子「廢人」呢？這實在是太過分了！

或許這一類的父母認為，這樣也沒什麼大不了的，因為他們心想：「兒了是自己的，即使罵得重了點，也不會怎樣，更何況，此時不這麼罵，他根本就不當一回事。」

可是，他們沒有想到，孩子心裏卻覺得自己的人格受到輕視。不管怎樣，這種責罵的方式，顯得非常不明智。

其實，每個人都有被別人尊重的需求，不要以為孩子年齡小就不需要被尊重，教育學家早已告訴我們，傷害孩子的自尊心，是教育孩子的大忌。

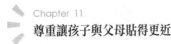

因為不尊重孩子不僅會使父母與孩子的關係疏遠，還會使孩子尊嚴掃地，很難再以正常的心態去面對人與事，去面對自己的人生。

因此，真正懂得教育的父母，是絕對不會去傷害孩子的自尊心的，他們善於運用「尊重孩子」的方式來滿足孩子的自尊心，才能更有效的教育孩子。其實，這一點並不難理解：人都有一個特點，你說的事情能讓我滿足，我當然願意聽你的，否則我為什麼要聽你的？孩子感覺到你尊重他，他就會聽你的話；如果感覺到你不尊重他，他就很反感，當然就對你的話聽不進去了。

有一位深受學生喜歡老師說：「我很瞭解學生的心理，很少在課堂上指責學生，當遇到學生違反課堂紀律時，我就用眼神暗示他。他改了更好；不改，我也不會立即教訓他，讓他在同學面前難堪，而是下課後找他談話。指出問題之後我會說：『老師知道你自己可以改正，你不會辜負老師的期望吧？』下次只要我看他一眼，他立刻就明白是什麼意思，一般都會馬上改正錯誤的。我尊重他們，他們也尊重我，我的課堂紀律一直很好，學生也都很喜歡上我的課。」

在加拿大父母非常尊重孩子，當客人去他們家做客的時候，如果父母正在和孩子談什麼或者做什麼，他們不會因為客人來了，就放下孩子不管，而是告訴客人，我和他談完就過來，您先坐。如果父母正在和客人談事情，孩子跑過來要求父母做什麼事情，也是一樣。

父母會告訴孩子，我正在和客人談事情，等我談完了就過去和你一起做。

加拿大的父母對待孩子和對待客人是一樣的尊重，並非是只尊重客人而忽視孩子。

這和我國的家庭教育正好相反。我們常常是不管和孩子在做什麼，只要有客人來了，馬上就丟下孩子不管，去接待客人去了。

這對孩子其實就是不尊重。生活中，許多父母認為孩子年齡小，不懂事，往往憑個人意願對待孩子。孩子有了過失，做父母的不管場合，輕則叱責，重則打罵。

他們不知道孩子正處在自我觀念的塑造階段，在這個階段，父母的評價對孩子的影響是非常大的。要是做父母的經常說他是笨蛋，他就會慢慢相信自己是笨蛋。

這樣，時間一久，孩子的自信心、積極性就會受到打擊，為了避免被人嘲笑，他將不再主動做事，不願參加任何競爭和比賽。還有一些在家裏得不到尊重、信任和溫暖的孩子，長大後極可能疏遠雙親，而加入不良幫派。在那裏，他們的自尊和需要可以得到了暫時的滿足。

因此，只有讓孩子具有高度的自尊心，孩子才會自強不息，創造出奇蹟。

所以，在生活當中應時時刻刻注意尊重孩子的人格，認真對待孩子，用心去感受孩子。只有這樣，孩子才願意與父母溝通，才願意聽父母的話，才能夠抬頭挺胸地面對人生。

只有尊重孩子才能讓孩子有自信，才能保護孩子維持自尊和爭取榮譽的心理，讓孩子自豪、自信。

尊重孩子自己的選擇

生活中，父母們總是喜歡依據自己的意願來為孩子做選擇：讓孩子學鋼琴，讓孩子學舞蹈，讓孩子學理工科，讓孩子考大學……幾乎很少有家長會詢問孩子的意願和選擇，尊重孩子的興趣和理想，因此親子之間就經常出現爭執。

父母抱怨孩子不瞭解自己的苦心，孩子指責父母干涉自己的自由，於是關係越鬧越僵。

父母帶著女兒到餐廳用餐，服務生先問母親點什麼，接著問父親點什麼，之後問坐在一邊的小女兒：「小妹妹，你要點什麼呢？」

女孩說：「我想要水果沙拉。」

「不可以，今天你要吃三明治。」媽媽非常堅決地說。

「再給她一點生菜。」女孩的父親補充說。

服務生並沒有理會父母的話，仍舊注視著女孩問：「小妹妹，你喜歡哪些水果呢？」

「哦，番茄、蘋果，還有……」她停下來，怯怯地看了父母一眼，服務生一直微笑著耐心的等著她。

女孩在服務生眼神的鼓勵下說：「還有多放一點沙拉醬。」

服務生徑直走進廚房，留下目瞪口呆的父母。

這頓飯小女孩吃得很開心，回家的路上，她還在不停地說啊笑啊，最後，她走近爸爸媽媽，開心地說：「你們知道嗎？原來我也能夠受到他的重視。」

可以想像，這個服務生給女孩帶來了平等和自尊，更給女孩的父母上了意義深遠的一課。那就是，孩子有自己的興趣愛好，孩子的選擇同樣需要被尊重。

有一位父親，他是一個普普通通的工人，他一直希望能把自己的女兒培養成才。

有一次，一個客人看到他的女兒時，順口誇了一句：「這個孩子的手指修長，一看就知道將來會是個鋼琴家。」

這位父親動心了，他決定將女兒培養成鋼琴家。第二天，他就去銀行提出了所有存款買了一架昂貴的鋼琴，又請了老師來教女兒。可是那個六歲的小妹妹根本就不喜歡彈鋼琴，她希望能和小朋友們一起參加舞蹈班，可是父親卻不尊重她的選擇，一定要她練鋼琴。

每次，小女孩都哭著坐到琴凳上。

有一次她媽媽勸她爸爸說：「既然她不喜歡，就別逼她了！」可是小女孩她爸爸卻氣呼呼地說：「不行，她懂什麼？我說了算！」

爸爸出去了，留下小女孩一個人在家練鋼琴，小女孩因為氣憤，所以拿起一瓶膠水把琴鍵給粘住了。黏完琴鍵之後，她突然覺得很害怕，爸爸一定不會放過她的。

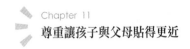

於是六歲的小女孩收拾了一些簡單的衣物背著背包決定離家出走，就在一條車水馬龍的馬路上，她被一輛汽車撞倒，雙腿粉碎性骨折，她永遠也不能再站起來了。

這個故事給我們的教訓是：強制孩子是沒有意義的，家長必須學會尊重孩子的選擇，尊重孩子的興趣和理想，望子成龍、望女成鳳當然沒有錯，可是家長不能利用自己的身份壓制孩子，說到底孩子的人生畢竟是孩子自己的。

日本棒球運動員王貞治在教育孩子時，就很注意尊重孩子自己的選擇。生活中，大多數父母好像都認為讓子女考上大學，是父母應盡的義務和責任。

他們把孩子送進高等學院、知名的大學，好像只有這樣子女們才能受到高等教育，才會出人頭地。他們沒有設身處地的為孩子想想，這樣做他們能否認同接受？

對於孩子的教育，應該以真正理解孩子、關心孩子的寬闊胸懷來進行，而不應該用父母在社會上的地位及面子這把尺來衡量。

王貞治說：「孩子的學習如果不是自發的便沒有意義。孩子願意學的不用督促也會學，不願意學的別人怎樣說也沒有用。」

王貞治在小時候就是自由自在的，父母對他很寬容。

他從小就喜歡打棒球，父母也沒有阻止他。他進入「早實高中」後，就已被當成球星對待，他沒過多少孩子式的生活，沒有整天面對書本。

如果他父母堅持讓他學習功課，讓他走一條自己不喜歡的路，他就不會成為棒球名星。

王貞治說：「強迫不愛讀書的孩子讀書，是沒有多大意義的。每個孩子都有自己的才能，都有一兩處勝於他人的地方，什麼都不行的孩子是沒有的。每個孩子的發展，都有一條對的路和不對的路的問題。發現自己才能的，既不是父母也不是老師，而是他自己。」

父母只要給孩子創造一個發現自己的機會就行了，至於他今後如何施展自己的才能，則完全取決於他自己的努力，父母不應該再出來橫加干涉。

父母應該做的，就是尊重孩子的選擇，並且在挫折面前鼓勵他們。其實在生活中，大多數的孩子都不是按照父母的想法去發展自己的才能，這一點父母們要深刻理解。

因為孩子不會永遠是孩子，如果父母試圖讓他們按照自己策劃好的路線走，畢竟有些勉強。

如果他們有自己的愛好，最好的做法就是尊重他們的選擇，直至孩子確立自己的目標，不去限制他，讓他自由成長。

至於人生與事業，孩子自己會考慮的，他一定能夠以自己的方式好好的發展下去。

如果父母做不到這一點，孩子就會失去發展自己真正才能的機會。

只有尊重孩子的選擇，讓孩子走一條自己喜歡的路，孩子才會願意為此而奮鬥，凡事都迎難而上，也只有這樣孩子才會真正取得成就。

Chapter 12

讓孩子充當一次「小大人」

父母常常抱怨現在的孩子對家庭漠不關心，缺少責任感，
他們不知道，孩子的責任感是要從小培養的，
如果你總是在孩子面前表現出一副風雨無懼的樣子，
孩子就會認為父母是不需要他們付出關心的。
因此，父母們不妨偶爾扮演一次弱者，向孩子求助，
你將會發現孩子竟因此而變成了懂事的「小大人」，
而你也可以從孩子的幫助中獲得很多東西。

把孩子當成老師

許多父母總是喜歡在孩子面前表現出十項全能的樣子，生怕露出不懂的地方，讓孩子看輕了自己。其實這樣辛苦地維持自己的威嚴是沒有意義的，如果你能放下「身段」，主動向孩子請教一些事情，你們的關係將會更親密。

晚飯後，喬依一直在修理那個壞掉的音響，可是弄了半天還是沒有修好。這時喬依十三歲的大兒子湯姆從樓上吹著口哨跑了下來，看他的打扮似乎正準備出門去玩，「湯姆！」喬依叫住了他，「過來幫我看看這個音響，再修不好就得換了！」

「爸爸？您是要我幫您修音響嗎？可是我以為——真是太難以置信了！您從來都不會找我做這種事的。」然後在父親略顯尷尬的眼神裡，湯姆迅速的脫下外套，蹲下來和父親一起研究那個音響。

「您看！這個開關接觸的不太牢固，我猜毛病就出在這上面！」

喬依驚訝地看著自己的兒子，「你怎麼會懂這麼多呢，天知道我一直把你當成小孩子！」

湯姆愉快地笑了，「爸爸，我不是告訴過您，我參加了學校的電器維修小組嗎？以後家裡的電器壞了，需要幫忙時就請您說一聲，我會非常願意和您一起修理的！」

從那次以後，喬依發現兒子變得懂事了很多，看到父母做家事時，他會禮貌地問一聲「需要我幫忙嗎？」而且湯姆還買了一大堆物理方面的書籍，有空就坐在房間裡研讀，現在湯姆已經成為家裡的「電器專家」，老師告訴喬依說湯姆現在上課都「很認真」。

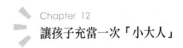

喬依第一次向兒子湯姆請求幫助時，我們可以看到湯姆感到十分驚喜，他立刻放棄出去玩的念頭，留在家裡陪父親修理東西。

十三歲的湯姆非常驕傲，父親的求助讓他看到了父親對他的信任和依賴，這種感覺甚至成了他學習和進步的動力。所以為人父母的你何不放下身段，向孩子請教一些東西，你會發現不再需要嘮叨、不再需要責罵，你的求助使孩子變得更懂事、更樂於學習。

我們應該明白，每個孩子都希望「做自己的主人」，他們都希望從自立與幫助他人中，尋求到自我存在的價值。

所以，父母不妨試著扮演一下弱者，這不但可以訓練孩子的責任心，也能讓孩子所表現出的更加的肯定自己。

其實扮演弱者並沒有什麼為難的，你可以不時地叫孩子教你一些東西，比如：怎樣收發電子郵件，如何解答一些謎語；也可以叫孩子幫你做一些與研究有關，而你又沒有時間去做的工作。

例如，叫孩子調查一份最完整、最可靠而且事目前市場上最暢銷的手機，但價錢必須在預設範圍內，或者去調查哪些機型是市場上最好的洗衣機，或找出一段從家裡到市中心的某一地點的最佳路線，但必須避免遇到修路或交通堵塞等現象，或叫孩子核對一些當月帳單的資料，再給你一個統計結果。

孩子絕對不會認為這些工作是枯燥無味的，他們一定會滿懷希望地認真工作，這不僅使孩子得到了一個鍛煉的機會，也會使孩子因「爸爸（媽媽）需要我」而感到幸福。

另外，當孩子有自己特殊的興趣和愛好時，你可以鼓勵他說出他所學到的、發現到的東西。例如，如果你的孩子對天文學感興趣，你可以讓他教你看某一星座的位置；如果你的孩子喜歡研究汽車，當你們一起外出時，你可以叫他告訴你某些車的廠牌。

尋求孩子的幫助，從小的方面看是與孩子交流的一種技巧，但從更高的層次來看，卻是教育觀念的創新。許多家長都會有這樣的疑惑：一個小孩子有什麼能力可以幫助大人？歷來都是大人幫助孩子，哪聽說過小孩子幫助大人的？他們即使接受讓孩子幫助自己，也不過認為那是一種哄小孩的遊戲而已。

實際上，這不僅不是一種遊戲，而且還是創新教育中所需要的，也是家長自身的需要。

我們所具有的價值觀念、知識、行為方式以及習慣，絕大部分已難以適應社會的發展，而我們的成見、生活經驗以及越來越多的惰性常常阻礙我們看到這一變化。

我們已經進入了資訊時代，我們的孩子比我們更快、更明確的掌握了新媒體技術，如電腦網路等。

在「明日青少年與媒介」巴黎國際論壇上，來自幾十個國家的學者都有著相同的共識：我們正在被青少年甩在後面，我們感受到了被挑戰，我們對自己的無能和無知感到恐懼。

甚至教授電腦的教師都感受到這一點，他們發現，許多學生在老師指導入門後，很快地就超過了老師，最後就變成了相互學習。在有電腦的家庭裡，孩子常常成為父母的老師，因為除了他們，幾乎沒有人可以教父母如何應付不斷湧來的知識、資訊和技術的潮流。

美國麻省理工學院媒介實驗室的研究人員，為此提出了「以孩子為師」，並倡導改變以往的教育觀念。

其實，生活中很多父母也會發現，自己的孩子有很多讓自己不得不佩服，不得不學習的地方。

許先生是一家唱片行的老闆，最近他發現自己九歲的兒子強強，常把自己看過的漫畫書和CD帶出去，許先生問孩子把東西借給誰了，但兒子的回答卻讓他大吃一驚，「借?沒有啊!我把漫畫書打九折賣給同學了，CD嘛!和同學交換了。」

許先生簡直不敢相信自己的耳朵，「那是爸爸買給你的書啊，你怎麼能把書賣了呢？」

兒子卻滿不在乎地回答：「可是我已經看完了呀！放在那裡沒有用，還不如打九折賣掉，同學也高興，我還可以把這筆錢存下來買新書。爸爸，你不是做生意的嗎？怎麼會不瞭解我呢？」

許先生仔細想一想，忍不住笑了，孩子的辦法多聰明啊！第二天，他在自己的唱片行門前掛了個牌子「以舊換新，兩張舊ＣＤ，可換一張新ＣＤ，同時本店從即日起出租ＣＤ，歡迎光臨！」

結果店裡的人潮從此多了很多，許先生高興，孩子更高興，孩子鄭重的向許先生許諾，「我要努力讀書，然後出國留學，以後要做個大商人，經營一家很大的公司。」

生活中有很多像強強這樣的孩子，他們不僅成績優秀，而且還有與豐富生活相適應的多種能力，比如說，對足夠流行的元素瞭若指掌，對家用電器樣樣精通，他們英文嫻熟，當你被電器上的各種按鍵，電腦上的各個指令弄得眼花撩亂時，孩子卻可以輕鬆的應對這一切。

因此以孩子為師並沒有什麼丟人的，這樣反而可以增加，父母與孩子交流的融洽性和趣味性，並促使孩子不斷的學習和進步。

以孩子為師會讓孩子看到自己的價值所在，增強自信心和自尊心，但向孩子請教時一定要注意自己的態度，應該是平和虛心而不是盛氣凌人。

求助讓孩子學會關愛

一位媽媽向教育專家抱怨說，她懷疑自己的女兒不愛她，生活中有很多父母也都有相同的感受，他們的孩子對他們冷漠，毫不關心，這讓他們傷心極了。然而，孩子會變成這樣要怪誰呢？

愛是人類的天性，每一個人都希望得到別人的愛，同時也應該向別人付出愛。可是有一些父母往往只給予孩子愛，卻不懂得要求孩子的回報，也不鼓勵孩子分享愛，久而久之，孩子就只知道要父母關心自己，卻不知道要關心父母。因此，父母們應學會如何引導孩子來關心自己，求助就是一個不錯的辦法。

五歲的羅尼跟同齡的孩子一樣，喜歡吃漢堡，喜歡喝可樂，喜歡各種新奇的玩具。媽媽因此也把他當成一個除了吃喝玩鬧之外，其他什麼都不會的小孩。不過，一次意外的機會讓她徹底改變了這種想法。

那一年，羅尼家搬到了一個新的城市，羅尼也進了一所新的幼稚園。一個半月後，幼稚園要開家長會，羅尼的媽媽也在被邀請之列。去幼稚園的路上，媽媽開玩笑地對羅尼說：「該怎麼辦呢？媽媽還沒有完全適應這個城市，在你們幼稚園裡，媽媽更是一個人都不認識，到時候你可要幫我哦！」

沒想到羅尼一本正經地說：「沒問題，媽媽。我認識那裡所有的老師和小朋友，包括每天接送小朋友的爸爸媽媽。」

媽媽看他認真的樣子覺得很有趣，但她也只是笑笑，並沒有放在心上。到了幼稚園，羅尼開始執行他的承諾，他盡責地陪著媽媽到會議室，很正式地把媽媽介紹給園長和其他老師，又認真地向媽媽介紹了幼稚園裡的每一個小朋友，最後告訴媽媽小朋友們的名字以及哪位是他們的爸爸或媽媽。

接著，羅尼把媽媽帶到一個沙發面前坐下，幫她端來了一杯茶，「媽媽，你先坐在這兒別到處亂走，我去趟廁所，一會兒就回來。」

媽媽坐在沙發上，欣喜地看著突然間長大的孩子，她突然明白了一點，在孩子面前偶爾扮演弱者的角色，實際上是對孩子責任心最好的鼓勵與讚美。

這真是一個溫馨的小故事，媽媽的一個小玩笑，讓她看到了孩子懂事、負責任的一面。世上沒有不愛父母的孩子，如果你希望得到孩子的關愛，那麼至少先要讓孩子知道你是需要他的關愛的吧！如果這個故事中的媽媽不是扮出需要幫助的樣子，她的兒子又怎麼會主動去照顧她呢？看來能否讓孩子有關愛之心，關鍵還是在於家長的引導。

有一位家長他本身就是一個教育工作者，但在教育自己孩子的問題上，卻困惑不已。兒子是他驕傲，夫妻倆一直無微不至地照顧孩子，孩子小的時候，家裡經濟條件並不是很好，夫妻倆用省下來的錢給孩子用好的、穿好的、吃好的。他們省吃儉用給孩子買鋼琴，買電腦，請家教，最常對孩子說的一句話就是，「不用擔心我們，爸媽是大人，只要你過得幸福，我們就幸福了！」後來孩子進了中學，成績也很優秀，然而這孩子卻有個不懂得關心父母親的壞毛病。有一天，妻子出差，這位家長和兒子留在家裡，八點多時，他胃痛的老病又犯了，痛得他直冒冷汗，他勉強的從床頭櫃裡取出一瓶胃藥，然後讓客廳裡的兒子幫他倒杯水，沒想到孩子對他的呻吟聲毫不理會，反而不耐煩地說：「你不會自己倒呀，我還得寫作業呢？」

這一刻，他感到自己的心比胃還要痛。

孩子的做法多麼令人痛心，然而這一切究竟該怪誰呢？很多父母也像這位家長一樣，認為愛孩子就該無私的奉獻一切。其實這種想法是大錯特錯。

蘇聯的教育學家蘇霍姆林斯基說過，愛心是最寶貴的，孩子的愛心必須從小開始培養，因此引導孩子的愛心也是父母對孩子應盡的義務。

愛心在孩子的心理健康中是十分重要的一部份，尤其是在孩子時期，孩子的身心發育最為迅速，也是最關鍵的時期。因此，在這個階段呵護孩子的愛心，對塑造他們的良好品格和健康行為都具有十分重要的意義。

然而現在的許多教育方向大多是在關注孩子的智力發展，因此往往忽略了孩子品德的培養，甚至可以毫不誇張地說，現在許多孩子是處於感情教育的荒漠之中的。

愛孩子不是只要讓他（她）吃好、睡好、功課好就可以了，還要讓孩子有顆關愛之心，懂得關心父母和他人。生活中，很多父母都會發現到這一點，其實你小小的孩子是樂於充當你的保護者的。如果停電時，你拉住孩子的手告訴他你很害怕，那麼孩子一定會故作勇敢地抱著你說：「媽媽不要怕，我來保護你！」

曾經有一個很頑皮的孩子，他的父母對他的任性不懂事一直無可奈何。有一次，爸爸要出差就告訴孩子說，「你長大了，爸爸出遠門後，你要照顧這個家，媽媽很柔弱，你要像男子漢一樣保護她。」

結果父親回來後驚訝地發現孩子變了個樣，他為爸爸拿拖鞋、搥背，據說在爸爸出差的日子裡，他每晚睡覺前都要檢查門窗是否鎖好，還常常幫媽媽倒茶、幫媽媽做家事。這位爸爸因兒子的轉變而欣喜，同時他也意識到這樣一個道理：孩子對父母的關愛之心是需要培養的，是需要家長去引導的，不能只對孩子付出愛，而不向孩子索取愛。

求助於孩子就是為了讓孩子知道父母並不是萬能的，讓孩子由被愛轉變成懂得去愛人，從感激父母、牽掛父母，一直到想為父母做事，會主動的關愛父母，體貼父母。

「富」孩子也要及早當家

「不懂事」「對家庭缺乏責任感」是人們對某些孩子的評價，現在的孩子大多是獨生子女，是父母的寶貝，從小就是要風得風，要雨得雨，因此養成了以自我為中心，不體貼父母，不關心家庭的習慣。作為父母，你有責任要讓孩子明白，家庭也需要孩子來做些什麼，父母沒有義務無限度地滿足他們的要求。

一位父親講述了這樣一件事：他的兒子是一個很不錯的孩子，至少在課業上從沒讓他費過心，只有一件事讓他感到為難：孩子花起錢來非常闊氣，每隔幾天就向父母要錢，夫妻二人疼惜孩子，幾乎每次都滿足他的需求。但最近這一段時間妻子失業了，自己公司的營運也不是很好，有一天孩子向他要二仟元，說是要買一雙運動鞋，另外還要請同學吃麥當勞，他覺得不能再讓孩子予取予求了，於是就委婉地向孩子解釋家裡的情況，「你媽媽被迫離職，我的公司也一年不如年，所以你要懂事，花錢別太闊氣了……」「這關我什麼事！」兒子粗暴地打斷了他的話，「您快點給我錢，養我是您的義務！」這位父親聽的目瞪口呆，他怎麼也想不到孩子對他們居然這麼冷漠，對家庭沒有一點責任感。聽了這個故事，不知家長朋友們有什麼感受？生活中，像這樣對家庭缺乏責任感的孩子並不少見。那麼，孩子如果不體恤父母的辛勞，又缺乏責任心該怎麼辦呢？以下是一位媽媽巧施求助計，改變兒子的例子，各位家長不妨借鑑一下。

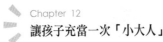

林太太的家境富裕，有一天她的兒子要辦生日聚會向她要了三千元，她開玩笑地問了一句：「兒子，你總是向媽媽要錢，花起錢來也很闊綽，如果有一天媽媽沒錢了怎麼辦？」

十一歲的兒子回答說：「那你就去賺啊，這不是我該擔心的事吧！」

林太太大吃一驚，她發現兒子絲毫沒有為家庭著想的觀念，她認為自己必須改變兒子的這種觀念。於是林太太向公司請了三個月的長假，然而她對兒子說：「媽媽失業了！從今以後爸爸一個人要供你上學，要養車子，繳房貸，還要養媽媽和奶奶，你也長大了，該學會幫爸爸媽媽分憂了！」

為了讓兒子相信，她還陸續向兒子借了幾次錢，因為她「沒錢買菜！」一個月後，她發現兒子徹底的改變了，看到喜歡的玩具他不再纏著媽媽買，一起逛街時，如果林太太對哪件漂亮衣服多看幾眼，他還會安慰媽媽說：「別看了，我們又買不起，等我長大賺了錢，一定會買很多漂亮的衣服給你，但現在不要再給爸爸增加負擔了！」

還有一次，她手邊沒有零錢，就給兒子一張一百元的鈔票，讓他自己去吃早餐，結果兒子含著眼淚問她，「你把錢給了我，還有錢買菜嗎？」看著兒子一天比一天懂事，很多時候還主動詢問爸爸工作的情況，林太太很欣慰，不過她也在想，是不是應該提早結束假期了，因為兒了漸漸有點吝嗇的傾向了。

林太太使用的方法很有趣，在增強孩子責任心方面也達到了不錯的效果，這招以富扮窮，由強扮弱，看來還是相當有效的。

如今，我們絕大部分的家庭都比以往的生活條件更好，大多數的父母都喜歡對孩子說：「現在的生活無憂，我們也不需要你為家裡操心，只要你好好讀書將來有所作為，我們再苦再累也心甘情願。父母們認為：現在的物質條件好了，我們要為孩子爭取一切可能的機會，為孩子提供最好的生活和學習環境，使孩子能出類拔萃……其實，這樣的情況，往往會事與願違。越是懷著這種心情在對待孩子，孩子越會辜負父母的期望。所以，我們要讓孩子明白，作為家庭中的一員，他對家庭是負有一定責任的。

瑞恩夫婦目前正在攻讀博士學位，他們有一個八歲大的兒子吉姆。吉姆聰明伶俐，唯一的「毛病」就是喜歡吃零食。在他還不滿四歲的時候，就知道拉著爸爸媽媽到不遠處的便利商店買糖果。只要遭到爸爸媽媽的拒絕，小吉姆就會哭鬧不止，大有不達目的誓不甘休的架勢，瑞恩夫婦縱然是有滿腹經綸但也奈何不了他。

有一次，小吉姆又要爸爸買糖果給他，爸爸說：「親愛的吉姆，爸爸可以答應你的要求，但是你也要答應爸爸一個條件。」

「什麼條件？」小吉姆滿臉疑惑。

「你現在買糖果的錢和你上幼稚園的錢，都是屬於爸爸媽媽的，但是我們以後也要上學，所以你所每花的一分錢爸爸都會記下來，等你長大以後再還給我們，供爸爸媽媽上學。」爸爸說。

小吉姆似懂非懂地答應了。從此，吉姆每花一分錢爸爸就提醒他一次「這些錢以後你要還給我們」。七歲的時候，小吉姆已經不再亂花錢了，他的小腦袋裡除了功課外，已經開始琢磨怎樣才能靠自己的力量賺錢，好供爸爸媽媽將來讀書。很快小吉姆八歲了，瑞恩夫婦開始攻讀博士學位。隨著年齡的增長，小吉姆的思維也更加開闊，有一天，他忽然想起奶奶曾經說過「小孩子會使用簡單的打掃工具後，就可以找尋打零工的機會了，諸如幫社區鄰居除草、剷除車道上的積雪等。」一想到這裡小吉姆的內心就興奮不已，因為這裡剛剛下過一場大雪，而且他已經會使用鐵鍬了。

第二天一早，小吉姆就按響了一對老夫婦家的門鈴。老太太打開門後，發現門口站著一個小男孩。

「你好，」小男孩有禮貌地說，「我叫吉姆，我來幫你們鏟雪好嗎？這麼早就過來，會不會打擾到你們？」

老太太親切地說：「不會！我們也是很早就起來了……」說著，對著屋內喊道：「老頭子！我們的車道鏟雪工作，就決定交給這位小男孩嘍！」

「你年紀這麼小，就這麼積極地打工，將來長大一定會很有成就。」老太太說，「你會怎麼利用自己賺來的錢？是要把它們存起來？還是拿去買糖果？」

小吉姆興奮地說道：「我賺錢不是為了要買糖果用的。我爸媽都還在念書，我賺的錢，先贊助他們繳學費！等我將來長大，他們也會幫助我讀大學。」小吉姆工作結束後，得到了十美元的報酬。

瑞恩夫婦對孩子的教育是十分成功的，他們讓孩子具體的參與了家庭事務，還給他設定一個偉大的目標，「供父母上學」，結果吉姆小小年紀就具有獨立的能力和責任感，而這兩種能力對每個孩子而言都是非常重要的，這也恰恰是很多孩子都缺少的。

在過去艱苦的環境中，孩子普遍知道生活的不易，自己必須替父母承擔一部分的責任，盡自己的義務去為家裡減少一些生活上的負擔，從而感受到自己應當承擔的責任。希望有一天能夠為父母解憂，這一切都能使孩子從小就看到自己生活的意義，看到自己的行為能為他人帶來的影響，感到自己是有用處的，從而產生成就感和責任心。

而現在，我們的家庭已經沒有了這種普遍的基礎，孩子生活在無憂無慮的環境當中，根本搞不清楚自己對父母、對家庭、對社會的責任感與使命感從何而來。

一個沒有責任感、沒有價值感的孩子，因為找不到自己的生命在社會中的地位與重要性，便會因此而感到迷惘，失去努力的動力，更容易被一些外來的事物所吸引，進而沉溺其中。因此，我們要利用求助計巧妙地培養孩子的責任感，讓現在的「富孩子」也能及早當家。

責任心是可以培養的，父母可以對孩子講一些有關家裡的瑣事，在工作上所遇到的困惑，讓孩子從小就懂得為人父母的不易，以及生活上的艱辛，這對增強孩子的責任心大有幫助。

現代親子
28

孩子貪玩不是病：聰明的家長都應該這麼教！

雅致風靡　典藏文化

親愛的顧客您好，感謝您購買這本書。即日起，填寫讀者回函卡寄回至本公司，我們每月將抽出一百名回函讀者，寄出精美禮物並享有生日當月購書優惠！想知道更多更即時的消息，歡迎加入“永續圖書粉絲團”
您也可以選擇傳真、掃描或用本公司準備的免郵回函寄回，謝謝。

傳真電話：（02）8647-3660　　電子信箱：yungjiuh@ms45.hinet.net

姓名：	性別：□男　□女
出生日期：　年　月　日	電話：
學歷：	職業：
E-mail：	
地址：□□□	
從何處購買此書：	購買金額：　元
購買本書動機：□封面 □書名 □排版 □內容 □作者 □偶然衝動	
你對本書的意見： 內容：□滿意□尚可□待改進 封面：□滿意□尚可□待改進	編輯：□滿意□尚可□待改進 定價：□滿意□尚可□待改進
其他建議：	

剪下後傳真、掃描或寄回至「22103新北市汐止區大同路3段194號9樓之1雅典文化收」

總經銷：永續圖書有限公司

永續圖書線上購物網

www.foreverbooks.com.tw

您可以使用以下方式將回函寄回。

您的回覆，是我們進步的最大動力，謝謝。

① 使用本公司準備的免郵回函寄回。

② 傳真電話：（02）8647-3660

③ 掃描圖檔寄到電子信箱：

yungjiuh@ms45.hinet.net

沿此線對折後寄回，謝謝。

廣告回信
基隆郵局登記證
基隆廣字第056號

221-03

雅典文化事業有限公司　收

新北市汐止區大同路三段194號9樓之1

雅致風靡　典藏文化

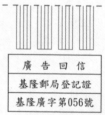